Angewandte Ethik zur Einführung

W0177817

Urs Thurnherr

Angewandte Ethik zur Einführung

JUNIUS

Junius Verlag GmbH
Stresemannstraße 375
22761 Hamburg
Im Internet: www.junius-verlag.de

© 2000 by Junius Verlag GmbH
Alle Rechte vorbehalten
Umschlaggestaltung: Florian Zietz
Satz: Druckhaus Dresden
Druck: Druckhaus Dresden
Printed in Germany 2000
ISBN 3-88506-322-0
1. Auflage September 2000

Die Deutsche Bibliothek – CIP-Einheitsaufnahme

Thurnherr, Urs:
Angewandte Ethik zur Einführung / Urs Thurnherr. –
1. Aufl. – Hamburg : Junius, 2000
(Zur Einführung ; 222)
ISBN 3-88506-322-0

Inhalt

Anhang

1. Einleitung: Was versteht man unter angewandter Ethik?

Allgemeine Ethik

Angewandte Ethik als philosophische Spezialdisziplin lässt sich nur in Anlehnung an den Begriff der allgemeinen Ethik und im Gesamtkontext der Disziplin Ethik definieren. Den Gegenstand ethischer Untersuchungen und Erörterungen bilden diejenigen menschlichen Verhaltensweisen oder Handlungen, von denen behauptet wird, sie wären unverzichtbare Formen eines gelungenen oder guten Lebens. Ethik beschäftigt sich also unmittelbar mit Urteilen, Grundsätzen oder Regeln, in denen etwas über gutes menschliches Handeln ausgesagt oder festgeschrieben wird.

Weil eine Handlung oder eine Handlungsweise auch ausschließlich für das handelnde Individuum gut sein kann, ohne zugleich für die Gemeinschaft als Ganze gut zu sein, als deren Mitglied sich das Individuum begreift, und umgekehrt, müssen grundsätzlich zwei Bereiche ethischer Reflexion auseinander gehalten werden: die *Strebensethik*, die zur individuellen Glückssuche anleitet, und die Moralphilosophie oder *Sollensethik*, der es um das durch die Moral gesicherte gute Leben geht.[1] In gewisser Weise kann die Strebensethik als eine theoretische Anleitung bei der Suche nach dem individuellen gelungenen Leben und die Sollensethik als eine Art Theorie der Moral angesehen werden. Als Formen theoretischer Anleitungen zum guten und gelungenen Leben zielen sowohl die Strebensethik als auch die Sollensethik auf ihre Anwendung. Bei dieser Differenzierung zwischen Strebens- und Sollensethik muss jedoch sogleich darauf aufmerksam gemacht werden, dass »Sollens- und Strebensethik nicht mechanisch, sondern nur idealtypisch getrennt werden können«[2]. Denn die beiden Ethikbereiche können zwar niemals restlos aufeinander zurückgeführt werden, sind aber untergründig in mannigfacher Art miteinander verwoben. Dieser Umstand und vor allem die betreffende Unterscheidung insgesamt erklären sich aus dem Vorhandensein zweier entsprechender menschlicher Fundamentalstrebungen, die nie vollkommen zur Deckung gebracht werden können: Zum einen verlangt es den Menschen danach, seine Individualität auszuformen und sich daran zu erfreuen, und gleichzeitig lässt ihn zum anderen das konträre Bedürfnis nicht los, sich mit anderen Menschen zu einer Gemeinschaft zusammenzuschließen, um sich in ihr aufgehoben und geschützt zu fühlen. Die angewandte Ethik tritt heute noch fast ausschließlich als angewandte Moralphilosophie auf, weshalb ich mich zunächst ganz auf die Diskussionen im sollensethischen Bereich konzentrieren werde.

Aufgrund der verschiedenen Erkenntnisinteressen können im Bereich einer allgemeinen Ethik drei Ethiktypen unterschieden werden: die deskriptive Ethik, die normative Ethik und die Metaethik. Als deskriptiv bezeichnet man die Ethik, sofern sie frühere oder heutige Moralen aus einem explizit historischen, psychologischen, soziologischen, ethnologischen oder anderen einzelwissenschaftlichen Erkenntnisinteresse und von einem Standpunkt außerhalb der Moral zu beschreiben versucht. Soweit Ethik als eine philosophische Disziplin aufgefasst wird, stellt im Kontext solcher einzelwissenschaftlicher Unternehmungen der Ausdruck »Metamoral« allerdings eine treffendere Bezeichnung dar als der Titel »deskriptive Ethik«.[3]

Als einzige Subdisziplin der allgemeinen Ethik geht die normative Ethik ihr Geschäft von einem festen Standpunkt innerhalb der Moral aus an. Um normative oder präskriptive Ethik zu betreiben, muss man sich – wie schon Aristoteles im ersten Buch seiner *Nikomachischen Ethik* herausstreicht – bereits sicher auf dem Feld der Moral bewegen. Den Gegenstand, auf den sich die normativ-ethische Auseinandersetzung unmittelbar bezieht und auf dem das normativ-ethische Interesse überhaupt gründet, kann man lediglich besitzen, insoweit man ihn als eine internalisierte Forderung in Gemüt und Bewusstsein präsent hat, in jeder moralisch relevanten Situation das Schlechte vermeiden und das Gute realisieren zu sollen. Von daher gilt für die normative Ethik: »Ethische Reflexion macht [zwar] nicht gut; ethische Reflexion macht [aber] besser.«[4] Einen Gewinn aus normativ-ethischen Erörterungen zieht mithin nur derjenige, dem es bereits darum geht, das Gute zu tun, und dieser Profit besteht sodann darin, dass er genauer zu erkennen vermag, was das Gute tatsächlich ist, und dass er es darum durch sein Handeln besser zu treffen vermag.

Die philosophische normative Ethik versteht sich als Begründerin und Kontrolleurin der Moral. Im Horizont dieser doppelten Funktion unternimmt sie den Versuch, grundlegende moralische Prinzipien und Kriterien zu bestimmen und zu verankern, damit die geltenden moralischen Normen sowie die mit ihnen verknüpften moralischen Urteile, was die Rechtmäßigkeit ihrer Geltungsansprüche anbelangt, überprüft und, wann immer notwendig, außer Kraft gesetzt oder korrigiert werden können. In einem engeren Verständnis ist es ihr Ziel, das formale Moralprinzip zu eruieren oder das höchste Gut zu bestimmen und *rational* zu begründen, damit diese im Leben eine Art Kompassfunktion übernehmen können. Hierbei werden allerdings unterschiedliche Auffassungen in Bezug auf das Moralprinzip oder das höchste Gut vertreten und damit verschiedene Kompasse angeboten, beispielsweise die goldene Regel in der Bergpredigt nach dem Matthäus-Evangelium oder das utilitaristische Prinzip oder der kategorische Imperativ bei Kant. Zur Aufgabe der normativen Ethik gehört, wie die Tradition vielfältig belegt, außerdem eine spezifische Art der Anwendung des Moralprinzips auf die »*allgemeinen* Bedingungen menschlichen Lebens und Zusammenlebens«[5] – eine Anwendung, deren Ergebnis »mittlere und sachbezogene Prinzipien«[6] sind. So lässt sich aus fast allen Moralprinzipien mit Blick auf die Hilfsbedürftigkeit des Menschen, ein Signum der Conditio humana, das allgemeine Gebot ableiten, in Not geratenen Menschen zu helfen. Bereits hier handelt es sich um eine Form der Anwendung von Ethik. Was jene allgemeine Forderung in einer gegebenen Situation genau bedeutet, ist allerdings damit noch nicht ausgesprochen. Erst durch eine weitere Anwendung solcher mittleren Prinzipien gelangen wir »auf einer dritten Stufe [zu] zeitgerechten und situationsgemäßen Beurteilungskriterien«[7]. Diese zweite Anwendung bildet sodann das Geschäft der angewandten Ethik in der gängigen, engeren Bedeutung.

Eine normativ-ethische Theorie umfasst also stets zweierlei: eine klare Formulierung des Moralprinzips, die die Anwendung des Prinzips auf den unterschiedlichen Reflexionsebenen ermöglicht, und eine betreffende Begründung dieses Prinzips. Eine Sonderstellung hat hierbei allenfalls der so genannte Kohärentismus inne, der darauf verzichtet, das Prinzip der Moral zu begreifen, und sich darauf beschränkt, die größtmögliche Kohärenz mit den vorhandenen moralischen Intuitionen zu gebieten.[8] Aber selbst der Kohärentismus kommt nicht ganz ohne ein prinzipielles Moment aus; soweit er die Herstellung der Kohärenz vorschreibt, beinhaltet er zumindest einen Orientierungsgrundsatz.

Die Metaethik untersucht ihrerseits wiederum von einem moralisch möglichst neutralen und normativ-ethisch unparteiischen Standpunkt aus die Logik moralischer Urteile, die Sprache der Moral, die Methoden normativ-ethischer Theorien und die Möglichkeit normativ-ethischer Begründung überhaupt. Ihre Funktion gegenüber der normativen Ethik ist – positiv ausgedrückt – die einer Art Controlling-Instanz. Besonders treffend bringt dies Jean-Claude Wolf auf den Punkt, wenn er gegenüber dem Missverständnis, die Metaethik sei absolut und in jeder Hinsicht neutral, dezidiert festhält: »Metaethik enthält [...] auch reformierende Definitionen, welche den faktischen Sprachgebrauch teilweise verändern. Definieren, Präzisieren und Explizieren sind normative Tätigkeiten – ihre obersten Normen sind Klarheit, Nichtzirkularität und Fruchtbarkeit für Theorien. Dies sind [...] methodologische Normen, die v. a. der besseren Verständigung dienen. Der Nutzen metaethischer Erörterungen bemißt sich nach diesen Normen. Die Neutralität der Metaethik kann nicht [...] auf jegliche Normierung verzichten.«[9]

Angewandte Ethik

Ähnlich wie die allgemeine normative Ethik macht angewandte Ethik nur für denjenigen Sinn, den Moral unmittelbar etwas angeht. Den Ausgangspunkt, der zu normativ-ethischen Erörterungen und am Ende zu angewandt-ethischen Reflexionen führt, bildet ein spezifischer Handlungsbedarf, eine moralische Problemstellung, wobei diese als moralisch relevante Problemstellung allererst erkannt werden muss. Der Anstoß zu solchem Erkennen ist für gewöhnlich das Erwachen des moralischen Bewusstseins oder das Anschlagen des Gewissens, das einen bestimmten Konflikt zwischen den sich unmittelbar aufdrängenden Handlungsalternativen und der eigenen, internalisierten Moral signalisiert.

Unter dem Begriff der Moral subsumieren wir eine disparate Mannigfaltigkeit von Dingen. »Das Wort ›moralisch‹ charakterisiert Urteile, Regeln, Haltungen, Institutionen, die in einem noch näher zu bestimmenden Sinn das menschliche Verhalten leiten.«[10] In der Beschreibung der Moral als Leiterin menschlichen Handelns ist bereits ein wesentliches Charakteristikum der Moral angesprochen: Allem Moralischen eignet ein präskriptives oder normatives Moment. »Eine Moral ist der Inbegriff jener Normen und Werte, die durch gemeinsame Anerkennung als verbindlich gesetzt worden sind und in der Form von Geboten (Du sollst…; es ist deine Pflicht…) oder Verboten (Du sollst nicht…) an die Gemeinschaft der Handelnden appellieren.«[11] Dabei wendet sich das jeweilige moralische Sollen nicht bloß an ausgewählte Individuen, sondern an alle, die sich in einer vergleichbaren Situation befinden. Die Moral erhebt einen Anspruch auf allgemeine Verbindlichkeit.

Die Inhalte der moralischen Normen sind im Verlauf der Zeit einem gewissen Wandel unterworfen. Sie werden gelegentlich modifiziert oder durch andere Inhalte ausgetauscht. Während zum Beispiel körperliche Züchtigung vor Jahrzehnten noch durch die Moral als ein probates Mittel der Kindererziehung gebilligt, von guten Eltern unter bestimmten Umständen als einzig richtiges moralisches Sanktionsmittel für Kinder gar eingefordert worden ist, gehören die Körperstrafen vom Standpunkt heutiger Moral aus in den Bereich des Kindesmissbrauchs. »Der Begriff der Moral bezieht sich auf etwas, das seinem Inhalt nach veränderlich, seinem Anspruch nach aber unveränderlich ist.«[12] Durch diesen Umstand scheint der Moral gleichsam etwas Paradoxes anzuhaften. Obwohl wir wissen, dass die Inhalte der Moral sich wandeln können, verbinden wir mit dem, was wir moralisch für richtig erachten, einen Anspruch auf unbedingte Gültigkeit. »Moralische Urteile […] fordern, was sie fordern, kategorisch: unabhängig davon, ob der einzelne an dem letzten Ziel der geforderten Handlung ein Interesse verspürt oder nicht.«[13] Dieses – neben den Momenten der Normativität und der allgemeinen Verbindlichkeit – dritte Wesensmerkmal der Moral verweist darauf, dass mit dem Moralischen immer ein Bezug zu letzten Orientierungen ins Spiel kommt. Moralische Forderungen sollen deshalb unbedingt eingehalten werden, weil durch sie dasjenige realisiert oder verteidigt wird, was am Ende als das Entscheidende oder das Wichtigste erscheint.

Die Moral bringt also über das Gewissen ihre Sollensansprüche ins Bewusstsein, die für sich allgemeine Verbindlichkeit bzw. kategorische Gültigkeit reklamieren. Soweit die moralischen Sollensforderungen unwidersprochen bleiben und sich das Gewissen in der Folge gegen widersprechende Neigungen und Privatinteressen durchsetzt, bedürfte es zunächst überhaupt keiner Ethik. Normativ-ethische und angewandt-ethische Überlegungen sind erst dort gefragt, wo die zunächst fraglos gültige Moral in ihrem Anspruch, die richtige Moral zu sein, fragwürdig wird.

Das Fragwürdigwerden[14] von moralischen Verbindlichkeiten ist kein außergewöhnliches Phänomen. Moral verliert erstens ihre Selbstverständlichkeit, wo sie anderen Moralen begegnet. Moralische Normen werden zudem zweitens durch die Kollision mit anderen, gleichzeitig gültigen moralischen Normen problematisch. Drittens können moralische Inhalte im Lichte neuer Erfahrungen und Einsichten, in der Konsequenz neuer Erkenntnisse oder durch eine Änderung in der Lebens- und in der Weltanschauung fragwürdig werden.[15] Die Moral kann viertens auch sozusagen willkürlich infrage gestellt werden, indem man aus einem rein praktischen Erkenntnisinteresse heraus prüfen möchte, ob ihre Sollensansprüche berechtigt sind. Solche Fragwürdigkeiten, Problematisierungen und Unsicherheiten bieten in der Geschichte der Moralphilosophie immer wieder Anlass, nach dem Prinzip der Moral zu fragen, um daraufhin dieses Prinzip nicht nur auf allgemein-anthropologische Gegebenheiten, sondern explizit auch auf bestimmte typisierte oder singuläre Fälle anzuwenden. In der weitesten Bedeutung meint angewandte Ethik nichts anderes als eine solche Bewegung der Reflexion vom moralischen Handlungsbedarf aus über den Rückgriff auf eine normativ-ethisch begründete Supernorm hin zur Anwendung des Moralprinzips auf die fragwürdig gewordenen Fälle des Lebens – mit dem Ziel, rational begründete spezielle Normen zu gewinnen. Angewandte Ethik ist folglich »als problembezogene Ethik«[16] zuvorderst *spezielle normative Ethik*. Vom Standpunkt der angewandten Ethik aus sind schließlich die deskriptive Ethik, die normative Ethik und die Metaethik treffender als ethische Grundlagenwissenschaften zu bezeichnen, statt sie unter dem Titel einer allgemeinen Ethik zusammenzufassen.

Angewandte Ethik im heutigen Sinne hat eine doppelte Bedeutung: Als Terminus für eine philosophische Disziplin meint der Begriff zum einen die systematische Anwendung normativethischer Prinzipien auf Handlungsräume, Berufsfelder und Sachgebiete, zum anderen bezieht er sich – im Plural verwendet – auf die Vielzahl der angewandt-ethischen Diskurse bzw. entsprechender Normenkataloge, denen die Fokussierung auf ein jeweils ganz bestimmtes Thema eigentümlich ist (*Bio*ethik, *Medizin*ethik, *Friedens*ethik usw.). Das Ergebnis der angewandtethischen Anstrengungen insgesamt ist mithin »ein spezialisiertes Normen- und Regelpanorama für exemplarische Themenfelder«[17]. Wie Hans Krämer im Zusammenhang mit der Strebensethik spezifiziert, umfasst der Normenkatalog einer angewandten Ethik »Grundregeln für bestimmte Themen- und Aktionsfelder, Spezialregeln für einzelne Falltypen und Einzelregeln für besondere Fälle«[18]. Die Erarbeitung von angewandten Ethiken, die die fortwährende, ermüdende Anwendung des Moralprinzips überflüssig machen, erweist sich als ein Gebot der Zeitökonomie.[19]

2. Warum braucht man heute angewandte Ethiken?

Einem weit verbreiteten Vorurteil nach wird der angewandt-ethische Diskurs als eine Erfindung unserer Zeit angesehen. Dies mag daher rühren, dass einzelne spezielle Ethiken wie zum Beispiel die so genannte Bioethik tatsächlich erst seit etwa drei Jahrzehnten als Sonderdisziplinen existieren. Daneben wird indessen übersehen, dass gewisse angewandte Ethiken wie die Medizinethik, die Rechtsethik oder die politische Ethik auf eine Geschichte zurückblicken können, die ähnlich weit zurückreicht wie die Philosophiegeschichte insgesamt. Unbestritten bleibt allerdings, dass angewandte Ethik gegenwärtig Konjunktur hat wie nie zuvor, was sich hauptsächlich durch zwei Gründe erklären lässt.

Der rasante Fortschritt von Wissenschaft und Technik in diesem Jahrhundert hat völlig neuartige technologische Horizonte aufgeschlossen: die Technologien der Atomkraft, der Datenverarbeitung, der modernen Medien und der Kommunikationsmittel sowie der Genomanalyse bzw. der Genmanipulation. Schon Hans Jonas sprach vor zwei Jahrzehnten von »neuen Dimensionen der Verantwortung«[20], mit denen der Mensch durch die Entwicklungen im Bereich der Wissenschaft und der Technik konfrontiert sei. Jonas führt drei Charakteristika an, die die Auswirkungen jener Technologien kennzeichnen und zugleich das Neue an den Problemen im Bereich der Moral begründen: (a) die jede bisherige Überschaubarkeit transzendierende »räumliche Ausbreitung und Zeitlänge der Kausalreihen«[21], wie sie etwa bei der Atomkraftnutzung zu berücksichtigen sind; (b) die absolute »Unumkehrbarkeit«[22] gewisser einmal ausgelöster Vorgänge, beispielsweise nach der Freisetzung genmanipulierter Pflanzen; und (c) der bis dahin kaum vorstellbare »kumulative Charakter«[23] bestimmter Entwicklungen, wie die Computerisierung fast sämtlicher Lebensbereiche und deren Konsequenzen belegen. Für die moralischen Probleme, die die betreffenden neuen Möglichkeiten aufwerfen, hält die tradierte Moral keine Lösungen bereit, weil sie mit vergleichbaren Problemen nie konfrontiert worden ist. So vermag zum Beispiel ein Theologe den Dekalog oder die anderen moralischen Gebote, die die Schrift enthält, nur noch unter größten exegetischen Anstrengungen etwa auf moralische Fragen der Genmanipulation anzuwenden. Die angewandte Ethik soll und kann das betreffende moralische Vakuum ausfüllen, sie tritt heute gewissermaßen als Ersatz an die Stelle der traditionellen Moral.

Der zweite Grund hat mit dem sich gleichzeitig in den Industrienationen herausbildenden Individualismus zu tun, in dem sich das Programm der Aufklärung zu erfüllen scheint, der es u.a. aber auch mit sich bringt, dass den die Gemeinschaft betreffenden, sollensethischen Fragen zunehmend eine quasi strebensethische Behandlung widerfährt. Ein Aspekt dieses so genannten Individualismus auf dem Feld der Moral kann zur Verdeutlichung als Sprung von einem eher autoritären zu einem autonomen Gewissen beschrieben werden.

Das Gewissen bezeichnet ein spezifisches Wissen um die Regeln und Grundsätze der Moral. »Unter Gewissen verstehen wir ein Selbstverständnis des Menschen, in dem er sich dem (unbedingten) Anspruch unterstellt weiß, das Gute zu tun.«[24] Das Gewissen erweist sich aber keineswegs als ein abstraktes, rein theoretisches Wissen: »Vielmehr äußert es sich als begleitendes Wissen, als Mitwissen (lat. conscientia), d.h. der Anspruch des

Gewissens wird gefühlt oder erlebt.«[25] Neben dem kognitiven Moment, das sich durch die Stimme des Gewissens ausspricht, beinhaltet das Gewissen mithin auch ein emotionales Moment: Die Stimme hat gleichsam Zähne, sie macht »Gewissensbisse«. Immanuel Kant etwa vergleicht, in Anlehnung an Paulus, das Gewissen mit dem »Bewußtsein eines inneren Gerichtshofes im Menschen (›vor welchem sich seine Gedanken einander verklagen oder entschuldigen‹)«[26]. Vor diesem Gericht wird jeweils ein spezifischer Gewissenskonflikt verhandelt, womit – hier hat sich die Gewissenssprache zwischenzeitlich gewandelt – heute ein Konflikt zwischen einer ganz bestimmten, vom Gewissen vertretenen moralischen Sollensforderung und einem Anspruch der Außenwelt oder der eigenen Neigung gemeint ist.[27] Die Richtigkeit sowie die Begründetheit des Gewissenskonflikts und die Legitimität der gefühlten Gewissensnot können vor der definitiven Gewissensentscheidung in einer Anhörung, der Gewissenserforschung oder Gewissensprüfung, untersucht werden. Während das autonome Gewissen die Berechtigung der moralischen Forderungen selbstständig reflektiert, bleibt im Falle des autoritären Gewissens bei der Frage nach dem Fundament der internalisierten Normen nur der Verweis auf die herrschende Moral und auf deren Stützpfeiler, die Autoritäten. »Das autoritäre Gewissen ist die Stimme einer nach innen verlegten äußeren Autorität, also der Eltern, des Staates oder was immer in einer bestimmten Kultur als Autorität gelten mag.«[28] Der Unterschied zwischen dem autoritären und dem autonomen Gewissen lässt sich veranschaulichen anhand der Differenzierung zwischen dem zweiten und dem dritten Niveau in der Moralentwicklung, wie sie von Lawrence Kohlberg rekonstruiert worden ist. Das autoritäre Gewissen vertritt eine »Moral der konventionellen Rollenkonformität«, das autonome Gewissen eine »Moral der selbst-akzeptierten moralischen Prinzipien«[29]. Der emanzipatorische Prozess, der von einer fragwürdig gewordenen autoritären Moral zur Moral des autonomen Gewissens hinführt, ist seiner Struktur nach identisch mit der angewandt-ethischen Denkbewegung. Je mehr Menschen über moralische Belange autonom nachdenken und entscheiden, desto mehr Konjunktur hat die angewandte Ethik. In dem Zusammenhang wird schließlich auch die umgangssprachliche Vorliebe nachvollziehbar, moralische Urteile und Regeln – vom Blickwinkel der Fachterminologie aus etwas missverständlich – einfach allgemein als »ethische« Urteile zu bezeichnen, um sie gewissermaßen als Ergebnisse eines autonomen, angewandt-ethischen Nachdenkens auszuzeichnen.

Das Bedürfnis nach einer sprachlichen Kennzeichnung des Neuen mag durch einen weiteren Grund noch bestärkt werden. Leicht wird nämlich übersehen, dass am Übergang von der tradierten Moral zur angewandten Ethik auch ein Wechsel in Bezug auf die moralische Leitinstanz stattfindet. Sowohl der Moral wie auch einer spezifischen angewandten Ethik als Ersatzmoral eignen die Momente des Normativen und des Inhaltlich-Speziellen; sie unterscheiden sich allerdings in der Weise, wie sie für das Subjekt als begründet erscheinen. Psychoanalytisch gesprochen geht die moralische Kompetenz auf dem ethischen Feld vom Über-Ich, dem wir das autoritäre Gewissen zuordnen, an das Ich über, mit dem wir die Vorstellung eines autonomen Gewissens verbinden. Das heautonome Ich sieht sich sodann einerseits mit den fragwürdig gewordenen moralischen Lösungen oder den moralischen Problemlösungsdefiziten des Über-Ichs konfrontiert und muss andererseits zugleich mit den betreffenden Fragen und Problemen umgehen, die durch die explosionsartigen Entwicklungen in der Außenwelt entstanden sind. »Eine Handlung des Ichs ist dann korrekt, wenn sie gleichzeitig den Anforderungen des Es, des Über-Ichs und der Realität genügt, also deren Ansprüche miteinander zu versöhnen weiß.«[30] Das Ich, das mithin versuchen muss, einen Handlungsentwurf auszuarbeiten, der allen Forderungen gerecht wird, kann mit dem praktischen Verstand und der praktischen Vernunft in einem umfassenden Sinne identifiziert werden, die die Subjekte der angewandten Ethik sind.[31] »Das Ich repräsentiert, was man Vernunft und Besonnenheit nennen kann [...].«[32] Indem das Ich vom Standpunkt seiner Vernünftigkeit aus die Forderung nach Moralität seinerseits mit der sich laufend verändernden Lebenswelt zu vermitteln sucht, emanzipiert es sich in einem gleichsam aufklärerischen Prozess von der moralischen Vorherrschaft des Über-Ichs. Die Resultate des angewandt-ethischen Nachdenkens lagern sich indessen über die Erziehung der nächsten Generation und über die Selbsterziehung letztlich als Sedimente wieder in der Moral des Über-Ichs ab.

3. Wie sind angewandte Ethiken zu entwerfen?

Die Aufgabe der angewandten Ethik besteht also darin, normative Prinzipien und Regeln auf problematische Falltypen oder Einzelfälle anzuwenden, um diese moralisch zu beurteilen bzw. die entsprechenden Handlungsräume moralisch zu gestalten. Die Anwendung beinhaltet zwei miteinander verschränkte Handlungen. Zum einen müssen die Prinzipien und Regeln gefunden oder bestimmt werden, die zu den Falltypen und einzelnen Fällen passen; und zum anderen müssen nicht nur jene Prinzipien oder Regeln explizit begründet werden, sondern auch die ganze Reihe der vermittelnden Brückenelemente, welche die Prinzipien mit einem vorliegenden Fall verknüpfen.

Die Bestimmung der Regeln nun erfordert Urteilskraft. In einer viel zitierten Definition differenziert Kant zwischen zwei Formen der Urteilskraft: »Urtheilskraft überhaupt ist das Vermögen, das Besondere als enthalten unter dem Allgemeinen zu denken. Ist das Allgemeine (die Regel, das Princip, das Gesetz) gegeben, so ist die Urtheilskraft, welche das Besondere darunter subsumirt, [...] bestimmend. Ist aber nur das Besondere gegeben, wozu sie das Allgemeine finden soll, so ist die Urtheilskraft bloß reflectirend.«[33] Von dieser Begriffsbestimmung aus betrachtet scheint zunächst klar zu sein, dass die Anwendung des Moralprinzips auf abgegrenzte Themenfelder nur eine Angelegenheit der bestimmenden Urteilskraft sein kann.[34] Das Modell, das dabei die Funktion der bestimmenden Urteilskraft am prägnantesten veranschaulicht, stammt aus der Jurisprudenz.[35] Ein

Richter muss die Tat eines Angeklagten im Lichte der geltenden Gesetze beurteilen. Diese Gesetze liegen in dokumentierter Form vor und an ihrer Gültigkeit kann kein Zweifel bestehen: Sie sind gegeben. Die Aufgabe für den Richter besteht darin, eine Antwort auf die Frage zu finden, ob die betreffende Tat unter ein spezifisches vorhandenes Gesetz fällt oder nicht. Und genau diese Aufgabe vermag er durch den Gebrauch seiner bestimmenden Urteilskraft zu erfüllen.

Sind bestimmte Regeln und Prinzipien erst einmal fraglos anerkannt, geht es auch im Bereich der angewandten Ethik um eine betreffende Subsumtion von Fällen unter gültige Normen. In diesem Sinne hält etwa Kurt Bayertz fest: »Der Begriff der ›Anwendung‹ und der ›angewandten Ethik‹ kann [...] sich auf die Beurteilung eines singulären Falls im Lichte einer gegebenen generellen Norm beziehen; wir haben es dann mit einer kasuistischen Anwendung zu tun.«[36] Die Kluft zwischen dem formalen Moralprinzip und den materialen Problemen, zwischen den abstrakteren Grundsätzen und den konkreteren Sachlagen, zwischen dem Allgemeinen und dem Besonderen oder Individuellen, zwischen festzusetzenden Normen und beschreibbaren Fällen darf indessen nicht unterschätzt werden. So können sich die angewandt-ethischen Bemühungen der Vermittlung und Übertragung keineswegs im Gebrauch der bestimmenden Urteilskraft erschöpfen.

Wie bereits erwähnt, besteht ja eine der hauptsächlichen Schwierigkeiten auf dem Feld des Moralischen gerade darin, dass für eine Vielzahl von Problemen ein adäquater moralischer Grundsatz oder eine angemessene moralische Regel gar nicht zu bestimmen ist. Aus diesem Grunde umfasst die Bestimmung der anzuwendenden moralischen Normen zunächst eine ganz andere Art von Arbeit: »Der Begriff der ›Anwendung‹ und der ›angewandten Ethik‹ kann [...] auch die inhaltliche Fortschreibung genereller Normen im Hinblick auf die Bewertung ganzer Klassen von Handlungen bezeichnen; wir haben es dann mit einer normbildenden Anwendung zu tun.«[37] So zeigt sich der gestaltende Umgang mit den *besonderen* Gegebenheiten moralischer Problemstellungen im Hinblick auf das *allgemein* gültige Moralprinzip oder auf einen mittleren moralischen Grundsatz in aller Regel auch eher als die Bewegung eines »Aufstiegs« und damit als eine Arbeit der reflektierenden Urteilskraft. Die vorgängige Redeweise einer Denkbewegung von der normativ-ethischen zur angewandt-ethischen Reflexionsebene hat denn auch nur idealtypischen Charakter.

Die reflektierende Urteilskraft

Der Entwurf von angewandt-ethischen Regeln lässt sich mit jenem Vorgang vergleichen, den Immanuel Kant unter dem Titel der »Bestimmung der Maximen« abhandelt.[38] Was die reflektierende Urteilskraft dabei durch ihre Arbeit hervorbringt, ist eine spezifische Weise der Zweckmäßigkeit. Kant identifiziert in dem Zusammenhang die reflektierende Urteilskraft als eine Art ästhetisch-praktische Urteilskraft mit dem gesunden Menschenverstand, mit dem praktischen Verstand, der im Zuge einer Reflexion, die sich gänzlich »im Dunkeln des Gemüths«[39] vollzieht, subjektive Zweckmäßigkeit herstellt. Bei diesem Vorgang der Reflexion werden die Gegebenheiten und Anforderungen der Außenwelt, die Ansprüche und Wünsche der eigenen Neigungen sowie die Forderung des Gewissens bzw. das praktische Wissen bezüglich der moralischen Regeln und ethischen Prinzipien wie beim künstlerischen Schaffen einer Collage so lange aufeinander bezogen und miteinander vermittelt, bis eine stimmige Einheit, die subjektive Zweckmäßigkeit eines Handlungsentwurfes entstanden ist, den der Verstand am Ende in Form einer Maxime auszudrücken vermag. Der praktische Verstand setzt sich also – analog dazu, wie es später Freud im Rahmen seines metapsychologischen Modells in Bezug auf das Ich beschreibt – zu allen Gegebenheiten und Forderungen in ein Verhältnis und versucht in vermittelnder Weise das optimale Handlungskonzept zu entwerfen. Die Vorstellung von diesem Verfahren lässt sich ohne weiteres auf die Vorstellung von der Arbeit im Feld der angewandten Ethik übertragen: Mit Blick auf die betreffende Vorgehensart der reflektierenden Urteilskraft sollte man statt von angewandter Ethik vielleicht besser, wie Krämer dies vorschlägt, von spezieller Ethik sprechen.

Die angewandt-ethischen Normen stellen mithin ebenso wie die Maximen bei Kant keine Entwürfe einer von allen Inhalten abstrahierenden, gleichsam entmenschlichten Vernünftigkeit dar. Eine wesentliche Informationsquelle, die es beim Entwerfen angewandt-ethischer Regeln zu nutzen gilt, bildet die »Anthropologie in pragmatischer Hinsicht«. Um festzusetzen, was der Mensch soll, muss man unter anderem auch wissen, womit er durch die Natur ausgerüstet ist, welche Bedürfnisse er hat und wozu er fähig ist, was er überhaupt kann. Hierbei sollten auch die biologischen Erkenntnisse über die Herkunft unseres sozialen Verhaltens mit berücksichtigt werden, wie sie im Bereich der Verhaltensforschung und der Soziobiologie hervorgebracht werden. Zu einer entsprechenden »Anthropologie« gehören deshalb letztlich auch die Einsichten der so genannten »evolutionären Ethik«. »Aufgabe der Evolutionären Ethik ist es [...], die stammesgeschichtliche Genese moralischen Verhaltens wissenschaftlich zu erklären.«[40]

Die evolutionäre Ethik setzt sich indessen durchgehend der Gefahr aus, das Eigentümliche des Moralischen zu verfehlen, soweit sie moralisches Verhalten zum einen allein mit Kategorien der Klugheit zu begreifen sucht, wie dies zum Beispiel bei Michael Ruse besonders deutlich zum Ausdruck kommt: »Die Moral ist nichts weiter als eine kollektive Illusion, die uns von unseren Genen für den Zweck der Fortpflanzung angedreht wurde.«[41] Zum anderen missversteht die evolutionäre Ethik den Gegenstand der Ethik grundsätzlich, wenn sie sich berechtigt fühlt, Schlussfolgerungen aus dem faktischen Sozialverhalten auf das moralisch »gesollte« Verhalten zu ziehen.

Gewiss finden sich in unserer Moral, in der Moral des Über-Ichs, die verschiedensten Sedimente, auch solche, die weit in die Zeiten unserer Vorfahren verweisen und die wir mit den Fledermäusen und Schimpansen zu teilen scheinen, aber in solchen Erkenntnissen erschöpft sich das Ethische in keiner Weise, ja es ist damit noch nicht einmal berührt. Die allgemeine und die spezielle normative Ethik beginnen erst dort, wo wir uns mit unserem praktischen Verstand, mit unserer praktischen Vernunft gerade in ein Verhältnis zur Moral des Über-Ichs setzen und als Freiheitswesen autonom entscheiden, ob diese oder jene Vorgabe für uns Gültigkeit haben soll. Derjenige, der glaubt, durch seine Feststellungen über den Menschen als ein Naturwesen einen normbegründenden Beitrag zur Ethik zu leisten[42], sollte zur Kenntnis nehmen, dass »alle empirischen Aufschlüsse, die uns die Biologie über die Entstehungsbedingungen der Moral und die ihr zugrundeliegenden genetischen Mechanismen gibt, bei dem Versuch, konkrete moralische Probleme zu lösen, nicht weiterhelfen«[43]. Aus dieser Perspektive erscheint der Titel einer evolutionären Ethik als ein einziger »Etikettenschwindel«[44]. Mit ihrem Beitrag zur »Anthropologie in pragmatischer Hinsicht« ist sie im besten Falle »als eine biologisch fundierte Metaethik«[45] bzw. Metamoral anzusehen.

Philosophisch-ethische Beratung

Insoweit nun bei der angewandt-ethischen Arbeit die reflektierende Urteilskraft gefordert ist, wird die angewandte Ethik dem Bereich einer spezifischen Kunst zugewiesen, für die nebst philosophischer und fachspezifischer Sachkenntnis unter anderem auch sehr viel Empathie und Kreativität benötigt werden. Denn die diversen Ansprüche müssen allererst erkannt bzw. verstanden und sodann miteinander vermittelt werden: Gemäß der kantischen Maxime der Urteilskraft geht es darum, sensibel für alle Forderungen und Gegebenheiten zu sein bzw. an »der Stelle jedes andern [zu] denken«[46]. Mit Blick auf die angestrebte Vermittlung lassen sich dabei grundsätzlich drei unterschiedliche Weisen auseinander halten, angewandte Ethik zu betreiben: 1. die Ethik der Resignation, 2. die Ethik des Paternalismus und 3. das philosophisch-ethische Sich-Beraten.

Zwei dieser drei Arten verfehlen meiner Ansicht nach jedoch aufgrund ihrer falschen Voraussetzungen das Ziel, Ethik tatsächlich anzuwenden. Im Horizont dieser beiden Formen ist angewandte Ethik insgesamt zum Scheitern verurteilt. »Den ›Praktiker‹ enttäuscht sie, weil er zu wenig Sachverstand am Werk sieht, außerdem keine fertigen Rezepte erhält, den Philosophen, weil man auf sein Interesse an Letztbegründung nicht eingeht. Beide Seiten verkennen die eigentümliche Aufgabe, daß etwas Drittes gesucht wird, nicht ein Kompromiß zwischen Rezept und Letztbegründung, sondern eine Vermittlungsleistung.«[47] Bei der ersten Art reden die Vertreter desjenigen Sachbereiches, aus dem das zur Diskussion stehende moralische Problem stammt, und die Ethiker deshalb aneinander vorbei, weil der Ethiker im Grunde vor der Vielzahl der vorhandenen Ethikkonzepte kapituliert. Da er dem Ratsuchenden nicht das eine objektiv anerkannte und anzuerkennende Ethikkonzept präsentieren kann, lässt er ihn letztlich mit seinen moralischen Problemen im Stich. Angewandte Ethik wird darüber zu einer Ethik der Resignation. Auch die zweite Form verfehlt das Anliegen einer angewandten Ethik. Im Kontext der Begegnung zwischen philosophischer Ethik und Sachbereich kristallisiert sich aufseiten der Philosophen ein gefährliches, scheinbar kaum vermeidbares Spezialistentum heraus, das entweder seine allgemeinen normativ-ethischen Ansätze als stillschweigende Suppositionen behandelt oder eine Art paternalistische Stellvertreterdiskussion führt. Jemand versteht sich nicht mehr einfach nur als philosophischer Ethiker, sondern als Bioethiker, als Medizinethiker usw. Solches Spezialistentum kommt einigen moralisch überforderten Wissenschaftlern insofern entgegen, als sie gelegentlich ihre Verantwortung gerne delegieren würden. Die zu diskutierenden Sachprobleme sind indessen zu komplex, als dass Lösungen bloß noch aus einer Warte und sozusagen im denkerischen Alleingang entworfen werden könnten. Die Ethik des Paternalismus übersieht, dass es jeder Ethik um den bestmöglichen Gebrauch der eigenen Freiheit gehen muss und dass niemand seine Freiheit und Verantwortung einem anderen zum Gebrauch überlassen kann, ohne dass diese zur Unfreiheit würde.

Nur einer dritten Form, angewandte Ethik zu betreiben, kann schließlich die angestrebte Vermittlungsarbeit gelingen. Aus philosophischer Sicht muss es das Ziel sein, mit den beteiligten Wissenschaftlerinnen und Wissenschaftlern, Politikerinnen und Politikern und anderen Interessierten zusammen eine Art gemeinsame reflektierende Urteilskraft auszubilden. Die eigentliche Aufgabe angewandter Ethik als einer philosophischen Sonderdisziplin liegt darin, andere Menschen hierbei zu unterstützen und auf entsprechende Weise den philosophischen Part beizutragen. Angewandte Ethik wird damit zur Angelegenheit einer gelungenen Weise der philosophischen Beratung. Dabei könnte die so genannte »Philosophische Praxis« in der Zukunft eine besondere Rolle spielen.

Während in der mannigfaltigen, gegenwärtig blühenden Beratungsszene Beratung in aller Regel vor dem Hintergrund einer vorgefertigten Theorie stattfindet, hebt die philosophische Beratung im Rahmen der angewandten Ethik idealtypisch von keiner bestimmten Philosophie, von keiner Ideologie an.[48] Eine entsprechende philosophische Beratung muss versuchen, der Einmaligkeit und der Selbstbestimmung der Ratsuchenden Rechnung zu tragen. Den eigentlichen Beratungsgegenstand im Gebiet der Ethik bildet allgemein der Gebrauch der Freiheit. Unabdingbare Voraussetzung aufseiten der Ratsuchenden ist deshalb deren Autonomie, deren Mündigkeit[49]; die Beratungssituation ist von vornherein weniger auf ein Beraten als vielmehr auf das Sich-Beraten angelegt. Was der philosophisch-ethische Berater hierbei im idealen Falle zu bieten hat, sind in erster Linie seine formale sowie seine materiale Fachkompetenz: Zum einen ist er ein Spezialist des Denkens und zum anderen verfügt er über umfassende Kenntnisse der ethischen Problemstellungen, der entsprechenden Lösungsversuche und der möglichen ethischen Positionen.[50]

Bei der betreffenden philosophisch-ethischen Beratung sind – analog zur angewandt-ethischen Denkbewegung – drei Verfahrensschritte auseinander zu halten, allerdings wiederum lediglich in idealtypischer Weise. Die angewandt-ethische Beratung beginnt bei der Sichtung des Wissens, das das Beratungsthema anbelangt, und geht dann über in den Versuch, die betreffenden moralischen Probleme zu erkennen und zu analysieren. Bei der anschließenden Arbeit muss versucht werden, sich auf einer normativ-ethischen Ebene über die grundlegenden ethischen Anschauungen zu verständigen, um dann die rational begründeten Kriterien auf den zur Diskussion stehenden Handlungsproblembereich anzuwenden. Mithin umfasst die betreffende Arbeit in mehrfach verschränkter Form sowohl das Entwerfen als auch das Begründen spezieller Normen.

Der philosophische Beitrag liegt nun aber keineswegs darin, dass der Philosoph das ethische Konzept beisteuert. Dies wäre ein Missverständnis. Dem philosophischen Berater darf es nur darum gehen, jene ethischen Konzepte ins Blickfeld zu rücken und kritisch zu beleuchten, die sich hinter den moralischen Überzeugungen der Ratsuchenden verbergen. Eine der Schwierigkeiten besteht darin, dass es der Berater – außer bei der Einzelberatung – oft gleichzeitig mit mehreren ethischen Anschauungen zu tun hat. Aufgabe der angewandt-ethischen Beratung ist es sodann, eine gewisse Verständigung zwischen den Anschauungen zu ermöglichen. »Angewandte Ethik muß [...] die Einheit der praktischen Vernunft in der Vielfalt der Stimmen sichtbar werden lassen, indem sie diese Stimmen durch Begriffsklärungen und das Überführen von Perspektiven aufeinander abstimmt.«[51]

Dabei führt der philosophische Berater weder eine Stellvertreterdiskussion, noch nimmt er dem Ratsuchenden die Verantwortung ab. Vielmehr werden die philosophischen, die fachspezifischen und die moralischen Kompetenzen im gemeinsamen Sich-Beraten zusammengelegt. Beim philosophischen Sich-Beraten steht unmittelbar der Versuch im Vordergrund, eine gemeinsame reflektierende Urteilskraft zu bilden, um mit ihr Problemlösungen zu entwickeln. Die Annahme und die Realisation der erarbeiteten angewandt-ethischen Normenentwürfe indessen liegen zuletzt einzig beim Ratsuchenden. In diesem Sinne könnten sich institutionalisierte Orte des philosophischen Sich-Beratens wie etwa die »Philosophische Praxis« als Advokaturen der Freiheit erweisen.

Ethikkommissionen

Die philosophische Beratung der beschriebenen Form dürfte künftig über die Einzelberatung hinaus primär innerhalb von Institutionen an Bedeutung gewinnen, weil in manchen angewandt-ethischen Bereichen das natürliche Handlungsmodell, bei dem die verantwortliche Einzelperson im Zentrum steht, immer mehr hinter das Modell eines institutionellen Handelns zurücktritt.[52] »Es gehört zur Eigenart gerade einer legitimen Institution, daß der in ihrem Einflußbereich Handelnde nicht mehr die volle und unverkürzte Verantwortung für sein Tun trägt.«[53] Die ethischen Richtlinien, die innerhalb von bestimmten Institutionen gelten sollen und für die die betreffenden Institutionen gegenüber der Gesellschaft verantwortlich zeichnen, werden in manchen Fällen von so genannten Ethikkommissionen oder Ethikkomitees diskutiert und festgesetzt.

Auch in Kontexten der öffentlichen Diskussion mag gelten, dass »in geeigneter Weise gebildete und konsensorientierte Ethik-Kommissionen das zweckdienlichste Mittel zur Lösung ethischer Konflikte sind. Solche Kommissionen werden dies nicht dadurch zuwege bringen, daß sie ›die Wahrheit‹ überreichen, sondern vielmehr dadurch, daß sie der Gesellschaft rationale Argumente und [...] moralisch akzeptierbare Lösungen überreichen.«[54] Der angestrebte moralische Konsens und die intendierte praktische Rationalität werden bei der Auseinandersetzung in den Ethikkommissionen indessen durch zwei Umstände bedroht und gestört.

Erstens scheint es den meisten Menschen schwer zu fallen, das Argument ihres Gegenübers unabhängig davon zu beurteilen, ob die betreffende Person ihnen sympathisch ist oder nicht, ob sie in der akademischen Hierarchie über ihnen steht oder unter ihnen, ob sie sich von ihr etwas für das Vorankommen in der eigenen Karriere versprechen dürfen oder nicht etc. So entwickelt das Gespräch im Kraftfeld der unterschiedlichen persönlichen Beziehungen der Kommissionsmitglieder untereinander gelegentlich eine irrationale Eigendynamik, die einen mehr oder weniger starken Einfluss auf die interne Diskussion insgesamt haben kann, sodass sich am Ende nicht unbedingt das bessere Argument durchsetzen muss.[55] Hierbei darf keineswegs übersehen werden, dass diese Dynamik noch verstärkt wird, wenn mit der Mitgliedschaft in der Kommission ein bezahltes Amt oder andere Vorteile verknüpft sind.

Zweitens treten die meisten Kommissionsmitglieder primär dazu an, die Interessen desjenigen Berufsstandes und derjenigen Gruppe durchzusetzen, die sie repräsentieren. Die Diskussion in der Kommission wird deshalb weithin mit den Mitteln der Rhetorik und Demagogik bestritten und ist durch starke politische Rücksichten sowie strategische Überlegungen geprägt und keineswegs durch die gemeinsame Ausrichtung an einer praktischen Vernünftigkeit: Das strategisch verfolgte Interesse setzt sich in aller Regel auch leichter durch als der Wille zu echter Kommunikation.[56]

Eine andere Schwierigkeit ergibt sich im Hinblick auf die Auswahl der Kommissionsmitglieder. Der moralische Konsens zeigt sich als Frage der Erarbeitung und Umsetzung eines gemeinsamen normativ-ethischen Konzeptes und nicht als Frage eines Mehrheitsentscheides. Garanten dafür, dass es sich bei den Normen, die eine Kommission vorschlägt, tatsächlich um Produkte eines anzustrebenden rational begründeten Konsenses handelt, bleiben schließlich die Philosophen, weil sie die Diskussion auf eine normativ-ethische Begründungsebene hinzuführen vermögen. Ethikkommissionen bilden von daher nicht nur einen prädestinierten Ort für philosophisch-praktische Arbeit, sondern können ihre Arbeit ohne philosophische Unterstützung gar nicht seriös durchführen. Leider bietet die Wirklichkeit allerdings ein etwas anderes Bild; noch immer ist es nicht selbstverständlich, Philosophen in solche Kommissionen zu berufen. Abschließend soll aber noch einmal betont werden, dass auch die Ethikkommission, die alle erwähnten Schwierigkeiten gemeistert hat, mit ihren Normenvorschlägen den betroffenen bzw. interessierten Menschen die Verantwortung für deren Entscheidung nicht abnehmen kann. »Ethikkommissionen können [...] eine Orientierungsleistung anbieten, auf die Politiker und Bürger zurückgreifen können.«[57]

Eine Position, die u.a. in jeder Ethikkommission repräsentiert sein sollte, vertritt die feministische Ethik. Diese setzt bei der Erkenntnis an, dass unsere Moralvorstellungen, soweit sie einen Unterschied zwischen den Geschlechtern machen und den Geschlechtern differierende Rollen zuteilen, nicht auf unveränderliche, biologische Gegebenheiten rekurrieren können, d.h., nichts mit dem Geschlecht im Sinne des englischen Wortes »sex« zu tun haben. Vielmehr erweisen sich die der herkömmlichen Moral zugrunde liegenden Anschauungen von Geschlecht in der Bedeutung von »gender« als eine gesellschaftliche Konstruktion. »Aus der Gender-Perspektive stellen sich menschliche Individuen nicht als biologische Wesen mit unterschiedlichen naturalen bzw. genetischen Ausstattungen dar, sondern als Wesen, die in ihrem Selbstverständnis durch historische, soziale, kulturelle Prozesse so geprägt sind, daß sich diese Prägungen tiefgreifend in ihre Körper ›eingeschrieben‹ und die Geschlechtsidentität entscheidend geformt haben.«[58] Feministische Ethik versucht zunächst aufzuzeigen, inwiefern sowohl die herrschende Moral als auch die traditionellen Ethikmodelle androzentrisch angelegt sind. Dabei geht es zum einen um die Aufklärung jener Vorurteile und Klischees, die zur Diskriminierung der Frauen in der Gesellschaft führen, zum anderen um den Entwurf von Alternativen. In diesem Sinne erfüllt die feministische Ethik eine Korrekturfunktion, für die auf allen Reflexionsebenen Raum geschaffen werden muss: auf der Stufe der Erkenntnis dessen, was möglicherweise ein moralisches Problem ausmacht, aber auch auf der normativ-ethischen und der angewandt-ethischen Stufe.[59]

4. Die Themenfelder der angewandten Ethik

Die angewandt-ethischen Diskurse und Entwürfe beziehen sich auf eine Vielzahl von breit gefächerten Handlungsräumen, Sachbereichen und Themenfeldern, die auf mancherlei Weise miteinander verbunden scheinen. Julian Nida-Rümelin schlägt in Bezug auf die Diskurse und Entwürfe angewandter Ethik den Ausdruck »Bereichsethiken«[60] vor. Unter diesen Bereichsethiken finden sich auch jene angewandten Ethiken, die wie die Medizinethik das Erbe der betreffenden Berufsmoralen übernehmen. Die »Landkarte« der Bereichsethiken bzw. der angewandt-ethischen Themenfelder lässt sich dabei nicht gänzlich in einfache, voneinander abgegrenzte Gebiete aufteilen: Während einige »Länder« ihrerseits in mehrere Distrikte zerfallen, kommt es in anderen Gebieten zu Überschneidungen. So kann etwa das Anliegen einer Friedensethik sowohl von der Sozialethik als auch von der politischen Ethik und der Ökologieethik aus vertreten werden. Und der sich zur Zeit neu herausbildende Bereich der Lebensmittelethik, deren Anliegen normative Richtlinien für die Herstellung, Verarbeitung und den Vertrieb von Lebensmitteln sind – mit dem Ziel, die Gesundheit und das Selbstbestimmungsrecht der Konsumenten zu schützen –, bildet ein Aggregat von bioethischen, tierethischen, medizinethischen, informationsethischen und wirtschaftsethischen Belangen.

Im Folgenden möchte ich nun einen kleinen Abriss der diversen Bereichsethiken und ihrer jeweiligen Problemstellungen vorlegen und dabei vor allem versuchen, die Fragen und Schwierigkeiten, die sich mit dem Projekt einer angewandten Ethik insgesamt ergeben, etwas zu vertiefen.

Die Medizinethik und die Ethik der Resignation

Im Zentrum der ethischen Auseinandersetzungen, die von der Medizinethik zu führen sind, steht zunächst das ärztliche Ethos, das sich seit Hippokrates am »salus aegroti«, am Wohlbefinden der Hilfsbedürftigen, ausrichtet. In zunehmendem Maße haben es die Mediziner darüber hinaus auch mit gesunden Ratsuchenden zu tun, beispielsweise im Kontext der Schwangerschaftsberatung oder der künstlichen Befruchtung, und nicht mehr nur mit kranken Menschen.[61] Die Medizinethik beschränkt sich außerdem nicht auf die Bestimmung des ärztlichen Ethos, sondern bemüht sich um normative Orientierungen für alle, die aufgrund ihres Berufes oder als Patienten mit dem medizinischen Bereich zu tun haben. Wo die Pflege und die Verbesserung der eigenen Gesundheit das Thema bilden, geht die betreffende medizinethische Diskussion fließend in eine Diskussion der speziellen Strebensethik über. Die gegenwärtige Aktualität und Brisanz des medizinethischen Diskurses lässt sich im Wesentlichen auf drei Ursachen zurückführen.

1. Eine Vielzahl der aktuellen medizinethischen Probleme ergibt sich infolge der wissenschaftlichen und technischen Fortschritte in der modernen Medizin. Angesichts der vollkommen neuartigen Möglichkeiten beispielsweise im Bereich der Organtransplantation oder der Biomedizin sieht sich die Medizinethik immer mehr mit völlig neuen moralischen Problemen konfrontiert. So haben etwa die rasante Entwicklung in der Intensivmedizin und die gleichzeitigen Fortschritte in der Transplantationsmedizin die Frage nach der Definition des Todes neu

gestellt und das moralische Augenmerk weg vom Herztod hin auf den Hirntod gelenkt.[62] Ist es richtig, einen hirntoten Menschen, dessen Herz noch schlägt, für tot zu erklären und seine gesunden Organe für die Transplantation zu entnehmen? Im diffizilen Bereich solcher und anderer neuartiger Fragen, die sogar nach einer grundsätzlichen Erörterung und Neudefinition des Sinnes von Medizin verlangen, begegnet die Medizinethik verschiedentlich der grundsätzlichen Frage, ob wir wirklich alles tun sollen oder dürfen, was wir mittlerweile tun können.

2. Im Lichte des sich in den Industrienationen ausbreitenden Individualismus hat sich das Verhältnis zwischen Arzt und Patient gewandelt: Die Vorherrschaft des ärztlichen Paternalismus ist durch das Konzept einer gewissen Partnerschaft und Patientenautonomie abgelöst worden, in dessen Mittelpunkt die Einwilligung des Patienten nach vorangegangener Information durch den Arzt steht.[63] Nicht zuletzt aufgrund dieses Paradigmenwechsels muss heute die ethische Haltung des Arztes im Zusammenhang mit den klassischen moralischen Fragen- und Problemkomplexen wie Euthanasie und Abtreibung neu bestimmt werden.

3. In einer Welt, in der auch hinsichtlich der medizinischen Versorgung ein starkes Gefälle zwischen armen und reichen Ländern herrscht und selbst in den Industrienationen die medizinischen Möglichkeiten die finanziellen Ressourcen zu übersteigen beginnen, stellen sich moralische Fragen der Allokation, der Verteilung von medizinischer Versorgung. H. Tristram Engelhardt unterscheidet dabei eine Makroallokation von einer Mikroallokation, wobei beide Problemkreise jeweils wiederum zwei unterschiedliche Fragehorizonte einschließen:

»Man kann 4 Diskussionsebenen hinsichtlich der Zuteilung von Ressourcen unterscheiden: 1) Makroallokation auf hoher Ebene; die Festlegung des Anteils am Bruttosozialprodukt, der dem Gesundheitssektor zugeteilt werden soll. 2) Makroallokation auf unterer Ebene; die Festlegung des Anteils am Bruttosozialprodukt, der bestimmten Zielen der Gesundheitsversorgung zugeteilt werden soll. 3) Mikroallokation auf oberer Ebene; die Festlegung der Prinzipien, nach denen Ressourcen der Gesundheitsversorgung an bestimmte Einzelpersonen zugeteilt werden (z.B. Verteilung nach Zufall oder nach gesellschaftlichem Wert). 4) Mikroallokation auf unterer Ebene; Vor-Ort-Entscheidung über die Zuteilung von Ressourcen der Gesundheitsversorgung an bestimmte Patienten unter Berücksichtigung der Entscheidung nach Punkt 3.«[64]

Sämtliche Fragen, die sich auf diesen vier Ebenen stellen, sind nicht ausschließlich Angelegenheit der Medizinethik, sondern können nur im Rahmen eines Verbunds der Medizinethik mit der Sozialethik beantwortet werden.

Die angewandt-ethische Denkbewegung, die idealtypisch von den konkreten Problemen über den Rückgriff auf das normativ-ethisch fundierte Moralprinzip hin zur Formulierung spezifischer Normen verläuft und die sich nun allen diesen Problemen stellen möchte, stößt auf eine grundsätzliche Schwierigkeit. Auf der Suche nach jener einen objektiv gültigen normativ-ethischen Theorie, in deren Lichte sich die betreffenden moralischen Fragen betrachten und beantworten lassen, sieht sie sich unvermittelt mit einer Vielzahl von disparaten normativ-ethischen Theorien konfrontiert, die alle den Anspruch erheben, das Moralprinzip adäquat bestimmt und begründet zu haben. Einige diskutieren medizinethische Fragen von einem akt- oder regelutilitaristischen Standpunkt aus, andere hängen vertragstheoretischen Ansätzen an, wiederum andere vertreten die Position der so genannten »ethics of care« oder Fürsorgeethik usw.

Vor dem Hintergrund der teilweise disparaten ethischen Theorien ist nun zum Beispiel mit dem Konzept eines explizit als »praxisbezogen« bezeichneten Ethikunternehmens der Vorschlag verbunden, die ethischen Theorien insgesamt einzuklammern und außer Acht zu lassen.[65] Der alternative Namensvorschlag »praxisbezogene Ethik« soll gegenüber dem Titel »angewandte Ethik« den Vorzug erhalten, weil »angewandte Ethik« das betreffende Geschäft in das anrüchige Milieu des Deduktiven rückt.[66] Mit der aktuellsten unter den zeitgeistigen Denunziationsformeln wird dabei die angewandte Ethik als eine autoritäre »Top-down«-Angelegenheit abgestempelt und damit vermeintlich der eigentliche Schlag gegen die »theoretische« Ethik vorbereitet.

Für die praxisbezogene Ethik haben die philosophischen Ethiker den Ärzten deshalb keine Lösungen für deren ethische Probleme anzubieten, weil sie unterschiedliche Theorien vertreten und sich nicht auf eine einigen können: »[...] die Theorien lösen den Fall nicht. [...] Lösen können sie den Fall für die Praxis schon deshalb nicht, weil es aus der Philosophiegeschichte mehrere Theorien gibt, die z. T. im konkreten Fall zu unterschiedlichen Schlussfolgerungen und Lösungsangeboten führen.«[67] Da nicht alle Ethiker auf dieselbe Lösung kommen, gibt es keine Lösung, oder: Immer wenn es mehrere Lösungen für ein Problem zu geben scheint, dann existiert überhaupt keine Lösung – eine logische Kapriole, die im medizinischen Kontext umso mehr erstaunt, je mehr man mit den Eigentümlichkeiten der Medizin als Wissenschaft vertraut ist.

Um diesen Mangel an ethischer »Kompetenz« auszugleichen, bietet die praxisbezogene Ethik der Ärzteschaft »die Verfeinerung des moralischen Wahrnehmungsvermögens«[68] an. Hierbei dürfte nun der Ausdruck »moralisches Wahrnehmungsvermögen« überraschen, können wir doch nicht ohne weiteres davon ausgehen, dass wir Moralisches wahrzunehmen vermögen. Einen spezifischen Sinn könnte die Formel vom moralischen Wahrnehmungsvermögen höchstens dadurch erhalten, dass man sich darunter so etwas wie eine moralische Intuition vorstellt. So heißt es in einer entsprechenden Programmschrift: »Ärztinnen und Ärzte fällen ihre Urteile im Alltag weniger [...] durch die Anwendung einer ausgewählten ethischen Theorie, wie des Utilitarismus [...], sondern häufiger ziemlich intuitiv: nach dem zwar geschulten, aber doch hoffentlich gesund gebliebenen ›Menschenverstand‹.«[69] Die Arbeit der praxisbezogenen Ethik scheint mithin in der Verfeinerung des gemeinen Menschenverstandes zu bestehen – eine Arbeit, durch die der geschulte Menschenverstand hernach die problematischen Situationen besser zu erfassen weiß. »Die verfeinerte Wahrnehmung einer Situation schließt das verfeinerte Eingehenkönnen auf die Betroffenen ein und die Erhöhung der Sensibilität in der Kommunikation. Dies sind für den ärztlichen Beruf zweifellos ethisch positiv zu bewertende Charakterzüge: ärztliche Tugenden.«[70] Der zuletzt gemachten Feststellung ist zwar nicht zu widersprechen, aber darüber hinaus stellt sich die Frage: Welches der aktuellen medizinethischen Probleme ist damit einer Lösung auch nur einen kleinen Schritt näher gebracht worden?

Wenn wir das erwähnte Konzept für einen Moment beiseite legen und von einem substanziellen Begriff des gesunden Menschenverstandes ausgehen, den wir dabei als eine Art praktischen Verstand begreifen, dann zeigt sich, dass der gesunde Menschenverstand Situationen nicht einfach wahrnimmt, sondern sie zugleich moralisch gestaltet und beurteilt. So schlägt etwa Hans-Martin Sass im Rahmen einer Ethik für die Ärzteschaft den Grundsatz vor: »Sei Deinen Patienten in Beratung und Behandlung ein guter Experte, respektiere Werte, Wünsche und Schwächen.«[71] In einem solchen praktischen Entwurf verknüpft der gesunde Menschenverstand drei Dinge: 1. das Wissen um die realen medizinischen Gegebenheiten und Möglichkeiten sowie die darauf Bezug nehmende Einschätzung des eigenen Expertentums; 2. eine spezifische Vorstellung vom Guten und Richtigen, die mit ihrer Sollensforderung das normative Moment hinzufügt, etwa: »Du sollst das Selbstbestimmungsrecht bzw. die Autonomie Deiner Patienten jederzeit respektieren!«; 3. die kompatiblen oder widerstreitenden eigenen Neigungen, zum Beispiel der Umgang mit der eigenen Eitelkeit oder die Neigung, unangenehmen Dingen aus dem Weg zu gehen. Ethik tritt an dieser Stelle insofern als Beraterin des gesunden Menschenverstandes in Erscheinung, als sie ihm theologisch oder philosophisch fundierte Prinzipien und Kriterien an die Hand zu geben versucht, mit denen er die moralische Güte seines Handlungsentwurfes oder seines gefällten Urteils prüfen kann – nicht zuletzt auch im Zusammenhang mit Problemstellungen, denen der gesunde Menschenverstand noch nie begegnet ist. Damit aber ist es gerade die Ethik, die gegebenenfalls den Menschenverstand auf Dauer gesund erhält und dem guten Willen hilft, das Gute als solches besser zu erkennen.

Durch das »moralische Wahrnehmungsvermögen« können indessen die situative Gegebenheit noch so verfeinert erfasst und die menschlichen Beziehungen noch so empathisch gepflegt werden, die Wahrnehmung gewinnt mittels der Beschreibung der Fälle keine einzige normative Handlungsorientierung, sofern sie nicht zu einem naturalistischen Fehlschluss kommt, d. h. zu einem unzulässigen Schluss von dem, was ist resp. was sich faktisch angeben lässt, auf das, was sein soll. Die Frage ist also, woher die praxisbezogene Ethik das normative Kriterium nimmt, um die eigenen Intuitionen auf ihre Güte hin zu prüfen, wenn sie jede normative Theorie beiseite schiebt: Die Beschreibungen der Fälle können keine Normen liefern. Oder soll das Ganze auf die Behauptung hinauslaufen, dass sich die moralische Wahrnehmung niemals täuschen kann? Dies wäre dann allerdings die abenteuerlichste unter allen denkbaren »ethischen« Theorien.

Anstatt die ethisch wirklich relevanten Fragen zu beantworten, ergeht sich die praxisbezogene Ethik als eine Ethik der Resignation indessen lieber in einer umfassenden Diffamierung der philosophischen Ethik und demonstriert eine antiintellektuelle Theoriefeindlichkeit. »ÄrztInnen wollen in Ethikkursen keine MoralphilosophInnen werden, sondern bessere ÄrztInnen. Sie wollen in ihrer Praxis besser werden, nicht in der Theorie.«[72] Was im betreffenden Kontext als populistische Polemik gegen die Ethiktheorien auftritt, ist in einem etwas differenzierteren Sinne ethisches Gemeingut. Schon bei Aristoteles, gewissermaßen dem Begründer der philosophischen Ethik, wäre nachzulesen, inwiefern es auch der Ethik durchgehend immer nur um die Verbesserung der Praxis geht: Dies charakterisiert die Ethik ja gerade als praktische, handlungsbestimmende oder -anleitende Wissenschaft.

Bei aller Fokussierung auf das Konkrete und Besondere darf nicht vergessen werden, dass die moralische Aufgabe am Ende darin besteht, das Konkrete und Besondere auf eine unbedingt gute oder richtige Weise zu gestalten. Dazu ist primär eine normative Idee dessen nötig, worin das unbedingt Gute oder Richtige besteht, bzw. eine allgemeine Zielorientierung – etwas, was die normative Ethik beizusteuern versucht. Wenn ich im offenen Gelände zu Fuß an einen bestimmten anderen Ort gelangen möchte, reicht es nicht aus, dass ich in concreto marschiere. Um zu meinem Ziel zu gelangen, brauche ich darüber hinaus einen Kompass und eine Landkarte. Vor allem der Kompass ist schließlich mit der Leistung des Moralprinzips zu vergleichen. Das Moralprinzip vermag zunächst ganz abstrakt die Richtung auf das von mir gewählte Ziel vorzugeben und hilft mir, mich im Gesamtkontext einer ethischen Theorie und Grundanschauung im moralischen Gelände zurechtzufinden.

In diesem Sinne versucht man gegenwärtig auch in der Medizinethik, etwa unter dem viel sagenden Titel »Ethics teaching toolkit«[73], entsprechende Prinzipien und Regeln als Orientierungshilfen zur Verfügung zu stellen. Vor allem werden in einem solchen »Werkzeugkasten« jene vier Prinzipien angeboten, die Tom L. Beauchamp und James F. Childress in ihrem medizinethischen Lehrbuch *Principles of Biomedical Ethics* präsentieren: das Prinzip, anderen nicht zu schaden, das Prinzip der Wohltätigkeit, das Prinzip des Respekts vor der Autonomie und das Prinzip der Gerechtigkeit. Beauchamp und Childress verstehen die vier Prinzipien als jederzeit revidierbare Prima-facie-Prinzipien, die zusammen eine Art Prinzipiennetz ausmachen und deren Gültigkeit sich allein durch ihre Kohärenz mit den gängigen moralischen Anschauungen begründet.[74] Ausdrücklich geht es Beauchamp und Childress weder darum, jene vier Prinzipien, zwischen denen Kollisionen und Konflikte vorprogrammiert sind, auf ein Grundprinzip zurückzuführen, noch darum, eine einheitliche Theorie herauszuarbeiten.

Dieser Entwurf hat nach und nach eine spezifische Kritik auf den Plan gerufen.[75] Wenn es keinen vermittelnden theoretischen Hintergrund und kein vermittelndes Grundprinzip gibt, drängen sich nämlich in Bezug auf die vier genannten Prinzipien folgende Fragen auf: Wie sind sie untereinander in Beziehung zu setzen, wie können sie im Konfliktfall miteinander vermittelt werden? Weshalb soll ich in diesem Fall das Prinzip der Gerechtigkeit anwenden und in jenem Fall dem Prinzip der Wohltätigkeit den Vorzug geben? Nach welchem Kriterium kann ich beispielsweise angesichts unterschiedlicher Konzepte der Gerechtigkeit entscheiden, an welches Konzept ich mich halten soll? Und damit ganz allgemein: Was soll der Sinn eines solchen »Prinzipien-Werkzeugkastens« sein?

Im Gegensatz hierzu bieten normativ-ethische Theorien für die von ihnen vorgeschlagenen Prinzipien rationale Begründungen an. Die Begründungen sollen zeigen, dass die betreffenden Prinzipien deshalb die wesentliche normative Richtung weisen, weil in ihnen dasjenige adäquat begriffen wird, was für den Menschen das Gute oder Richtige ausmacht. Indem wir uns an die betreffenden Prinzipien halten, realisieren wir ein Stück Menschlichkeit. Diese Menschlichkeit ist es, die wir im Bereich des Moralischen über unsere persönlichen Neigungen und Präferenzen stellen sollen. Anschauungen darüber, was die unbedingt gute humane Praxis ausmacht, gründen auf unterschiedlichen Lebens- und Weltanschauungen. Ausgehend von bestimmten lebens- und weltanschaulichen Überzeugungen, repräsentieren die diversen normativ-ethischen Theorien unterschiedliche Orientierungsangebote. Ein solches Angebot muss ich mir vor dem Hintergrund meiner gewonnenen und erarbeiteten Grundanschauungen aneignen, wenn es mir Ernst damit ist, das unbedingt Gute resp. Humanität zu realisieren – gelegentlich auch gegen die Meinung der Mehrheit, weil sich die Mehrheit meiner Ansicht nach täuscht. Deshalb lassen sich Prinzipien auch nicht durch ihre Kohärenz mit den gängigen moralischen Anschauungen begründen. Ohne eine normativ-ethische Theorie mit ihrem spezifischen Begriff des Moralprinzips oder des höchsten Gutes gibt es für den Menschen keine vernünftige Richtungsvorgabe und Orientierung. Wer hier wie die praxisbezogene Ethik zur Abstinenz rät, offenbart sich als Vertreter einer Ethik der Resignation.

Die Bioethik und das Scheitern des Konsequenzialismus

Sensibilisiert vor allem durch jene moralischen Probleme, die sich aus den Aussichten darauf ergeben, die Erkenntnisse der modernen Biologie und Medizin in zunehmendem Maße auch anwenden zu können[76], konzentriert sich die Bioethik als eine der jüngeren angewandten Ethiken auf die Auseinandersetzung über den Wert von Leben in einem umfassenden Sinne und reflektiert menschliches Verhalten gegenüber allem, was Leben besitzt, sowie gegenüber der Natur als Ganzer. Bioethik umfasst demnach die Teilgebiete Ökologieethik, Medizinethik, Tierethik und Genethik. Im Vordergrund der bioethischen Diskussion stehen dabei die Anstrengungen um ethische Normen bei der Genmanipulation und der Genomanalyse, weshalb ich mich hier zunächst den genethischen Bemühungen zuwenden möchte.

Die Genforschung hat eine Vielzahl von Anwendungsgebieten gefunden; gentechnologische Produkte sind heute bereits weit verbreitet. So werden in der chemischen Industrie beispielsweise die Enzyme für Waschmittel ebenso gentechnologisch gewonnen wie etwa Grippevirenbestandteile für die Herstellung des Grippeimpfstoffes. Die Vorteile dabei sind, dass bei den betreffenden Produkten eine größere Reinheit erzielt und dass kostengünstig eine entschieden größere Menge als zuvor hergestellt werden kann.

Entsprechend werden im Bereich der Lebensmittelindustrie zum Beispiel bei der Käseproduktion Mikroorganismen gentechnisch mit dem Labgen ausgestattet, um größere Mengen Lab zu gewinnen. Sojabohnen werden mit einem Gen durchsetzt, das sie resistent gegen ein spezifisches Unkrautvernichtungsmittel macht, was neue Möglichkeiten der Monokultur bzw. der landwirtschaftlichen Rationalisierung eröffnet. Lachse können mit einem Gen ausgestattet werden, das sie größer werden und schneller wachsen lässt. Im Kontext der gewollten oder ungewollten Freisetzung solcher Kunstprodukte sind indessen Szenarien vorstellbar, die einige spezifische Bedenken auslösen: Da wir wissen, dass Pflanzen sich durch ihre Pollen nicht nur fortpflanzen, sondern auch mit anderen Pflanzen rege Informationen austauschen, ergibt sich die Möglichkeit, dass plötzlich eine Viel-

zahl von Pflanzen für immer gegen das entsprechende Unkrautvernichtungsmittel resistent ist. Genmanipulierte Tiere wie die
erwähnten Lachse könnten die mannigfaltigen Lachsarten ver-
drängen und damit ein natürliches Reservoir an genetischer Vielfalt zerstören.

Die Genforschung hat mittlerweile zu einigen noch umstrit-
teneren Produkten geführt. Im Bereich der Agrarindustrie wird
möglicherweise in wenigen Jahren Getreidesaatgut angeboten,
das über ein so genanntes Selbstzerstörungsgen verfügt. Unmittelbar vor der Ernte des betreffenden Getreides bewirkt dieses
Gen, dass die neuen Samenkörner steril werden, damit sie selbst
als Saatgut unbrauchbar sind und das neue Saatgut wiederum
beim ursprünglichen Produzenten gekauft werden muss. Hier
schreckt das Wissen um den Informationsaustausch zwischen
den Pflanzenarten noch um vieles mehr: Was tun wir, wenn die
Natur das Selbstzerstörungsgen weitgehend kopieren würde?
Vergleichbare Ängste werden im Zusammenhang mit der Xeno-
transplantation geweckt durch die Vorstellung, dass beim Gebrauch der im Schwein gewachsenen menschlichen Organe auch
Viren auf den Menschen übertragen werden könnten, gegen die
das Schwein zwar resistent ist, die aber für den Menschen eine
ähnlich tödliche Gefahr darstellen wie das HIV.

Ob man die angesprochenen Unternehmungen der Genforschung gutheißt oder missbilligt, ist gegenwärtig Gegenstand einer Art Glaubenskrieg geworden. Die einen bringen der modernen Naturwissenschaft ein grenzenloses Vertrauen entgegen, die
anderen sehen hinter all diesen Dingen bereits das Fernleuchten
einer selbst inszenierten Apokalypse. Nüchtern betrachtet ergibt
sich im Kontext der Genforschung zuvorderst ein Grundproblem: Wenn wir gentechnologisch in das Erbgut eines Mikro-
organismus, einer Pflanze oder eines Tieres eingreifen, konzentrieren wir uns auf die Veränderung einer einzelnen Funktion,

die mit einem spezifischen Gen verknüpft ist. Gene stehen darüber hinaus aber im Verbund mit anderen Genen und erfüllen mit diesen zusammen auch eine große Anzahl weiterer Funktionen. Im Bereich der komplexen Funktionen wissen wir jedoch kaum etwas über die Folgen der Beifügung oder Entnahme eines einzelnen Genes. Daraus ergeben sich spezifische Fragen nach den betreffenden Risiken und die moralische Frage nach der Befugnis, anderen Menschen dieses Risiko ungefragt aufzudrängen bzw. die Natur insgesamt mit diesem Risiko zu belasten. »Rationalisierung und Profitmaximierung in der Agrarindustrie sind keine ausreichenden Gründe, Verbrauchern eventuell bestehende Risiken aus dem Gentransfer zuzumuten [...].«[77]

Selbstverständlich drängen sich daneben noch zahlreiche andere moralische Fragen auf, zum Beispiel, wie es mit der »Würde der Kreatur« zu vereinen ist, zur bloßen Befriedigung menschlicher Bedürfnisse transgene Tiere herzustellen und patentieren zu lassen. Entsprechende Fragen nach der Würde der Kreatur und vor allem auch nach der Würde des Menschen stellen sich ebenso im Kontext der Klonierung. In diesem Kapitel möchte ich mich indessen ganz auf den Bereich der Genforschung am Menschen bzw. der Biomedizin und dabei auf die Frage beschränken, inwiefern uns eine bestimmte Art von ethischer Theorie zu helfen vermag, entsprechende moralische Probleme zu lösen.

Was den Menschen betrifft, unterscheiden wir zunächst zwei gentechnische Projekte: die Genomanalyse und die Gentherapie. Bei der Analyse des Genoms, d.h. der Gesamtheit aller unserer Gene[78], müssen im Weiteren das so genannte Monitoring und der Suszeptivitätstest auseinander gehalten werden.[79] Durch das Monitoring werden mögliche spontane Veränderungen im Erbgut im Auge behalten, beispielsweise bei Angehörigen von Berufsgruppen, die mit bestimmten Gefahrengütern Umgang haben, etwa in der Farbindustrie. Über den Suszeptivitätstest können Dispositionen zu bestimmten ererbbaren Krankheiten festgestellt werden, wobei unterschieden werden muss zwischen solchen Krankheiten, die im Verlaufe des Lebens notwendigerweise ausbrechen, und solchen, die bloß möglicherweise ausbrechen.

Bereits durch den Einsatz der Genomanalyse ergeben sich für die Gesellschaft und das Individuum schwerwiegende moralische Probleme, von denen ich hier nur wenige nennen kann.[80] Menschen mit einer Disposition zu langwierigen Krankheiten könnten aufgrund des einmal vorhandenen Wissens etwa dadurch benachteiligt werden, dass die Versicherungen das festgestellte Risiko von der Deckungsgarantie ausnehmen, wie es gegenwärtig bereits in den USA geschieht. Auf dem Feld der Berufstätigkeit könnte die Genomanalyse zu einem Selektionswerkzeug werden: »Menschen mit einer genetischen Disposition für frühzeitigen Tod oder frühe Invalidität können auch von langen und teuren Ausbildungsgängen ausgeschlossen werden, z.B. dem Medizinstudium.«[81] Ist es aber insgesamt nicht ungerecht und amoralisch, diejenigen, die durch ihre genetische Ausstattung sowieso schon benachteiligt sind, in der Gesellschaft noch zusätzlich zu benachteiligen?

Darüber hinaus können beispielsweise werdende Eltern durch die Möglichkeiten der pränatalen Diagnostik unter Druck geraten, Embryos, bei denen ein Risiko der Krankheit oder der Behinderung festgestellt wird, abzutreiben, da sowohl die Gesellschaft als auch die Krankenversicherungen ihre Unterstützung für den Fall versagen, dass die Eltern sich für das kranke Kind entscheiden.[82]

Soweit jemand gezwungen wird, allen möglichen Gefahren, die er in seinem Erbgut mit sich trägt, bewusst ins Auge zu schauen, wird keine Rücksicht mehr auf »seine Weise, sich zu ängstigen«[83], genommen. Gibt es jedoch nicht auch ein Recht auf Nichtwissen?

Bei der Gentherapie werden wiederum zwei Verfahren unterschieden: die somatische Gentherapie und die Keimbahntherapie. Bei der somatischen Gentherapie wird versucht, organische Schäden dadurch zu beheben, dass man zum Beispiel ein schadhaftes Gen in einer betreffenden Körperzelle durch ein anderes Gen ersetzt – in der Hoffnung, dass sich dieses Gen im Prozess der Zellerneuerung durchsetzt. »Die somatische Gentherapie wird in der medizinethischen Literatur nahezu einmütig mit einer normalen Organtransplantation verglichen.«[84] Argumente für die somatische Gentherapie, die im Übrigen bis heute noch in keinem einzigen Fall wirksam eingesetzt werden konnte, verweisen stets auf die positiven Folgen, die eine entsprechende Gentherapie herbeiführen könnte: »Gentechnische Eingriffe an menschlichen Körperzellen versprechen eine Reihe von bisher unbehandelbaren genetisch bedingten Krankheiten heilbar zu machen [...].«[85]

Als wesentlich problematischer wird die Keimbahntherapie betrachtet, bei der ein Gen in die Keimzellen transferiert wird, sodass die Veränderung des Genoms nicht mehr nur den einzelnen Menschen betrifft, sondern alle zukünftigen Menschen, die von diesem einen abstammen. Auch hier wird gern mit den möglichen guten oder schlechten Folgen für das Individuum und die Menschheit insgesamt argumentiert, also auf teleologische oder konsequenzialistische Ethiktheorien zurückgegriffen: »Auch der Verzicht auf eine mögliche Keimbahntherapie und die damit in Kauf genommenen Folgen für spätere Individuen müßten verantwortet werden.«[86]

Teleologische oder konsequenzialistische Ethikkonzepte sehen den ethischen Rechtfertigungsgrund für eine Handlung im Übergewicht der positiven Folgen dieser Handlung. »So ist eine

Handlung dann und nur dann richtig, wenn sie bzw. die Regel, unter die sie fällt, ein mindestens ebenso großes Übergewicht von guten gegenüber schlechten Folgen hervorbringt [...] wie jede andere (offenstehende) Handlungsalternative [...].«[87] In Abgrenzung dazu beschreiben die deontologischen Ethikkonzepte ein Begründungsprogramm, das die Verbindlichkeit bestimmter Handlungen behauptet, ohne zunächst auf die Folgen dieser Handlungen zu sehen. Deontologische Theorien meinen mithin »diejenige Form normativer Ethik, der gemäß sich Verbindlichkeit und Qualität moralischer Handlungen und Urteile aus der Verpflichtung zu bestimmten Verhaltensweisen bzw. Handlungsmaximen herleiten – prinzipiell unabhängig von vorgängigen Zwecken und möglichen Konsequenzen des Handelns«[88]. Als Beispiel einer deontologisch verfassten Ethik bietet sich die kantische Ethik an, die das Moralprinzip als kategorischen Imperativ rekonstruiert, während im Mittelpunkt der teleologischen Theorien der Utilitarismus mit seinem Nutzenprinzip steht: »Unter dem Prinzip der Nützlichkeit ist jenes Prinzip zu verstehen, das schlechthin jede Handlung in dem Maß billigt oder mißbilligt, wie ihr die Tendenz innezuwohnen scheint, das Glück der Gruppe, deren Interesse in Frage steht, zu vermehren oder zu vermindern, oder – das gleiche mit anderen Worten gesagt – dieses Glück zu befördern oder zu verhindern.«[89] Ohne nun auf die besonderen Schwierigkeiten bei der Anwendung des utilitaristischen Prinzips weiter einzugehen, wie die Frage nach der Definition der Betroffenen oder das Problem des interpersonellen Nutzenvergleichs, möchte ich hier auf ein grundsätzliches Problem bei der Anwendung eines solchen teleologischen oder konsequenzialistischen Konzeptes auf genethische Fragen aufmerksam machen. Dazu müssen wir uns indessen zuerst die Sachverhalte in Bezug auf das menschliche Genom noch etwas veranschaulichen.

In jeder unserer Körperzellen befindet sich ein Zellkern mit jeweils 23 Chromosomenpaaren. Jedes dieser Chromosomen besteht aus der Desoxyribonukleinsäure (DNS oder – englisch – DNA), die in den einschlägigen Abbildungen wie eine Strickleiter mit Sprossen aussieht. Unsere Gene sind – im Verständnis der Molekularbiologen – »die funktionalen Einheiten der DNA«[90], d.h. kürzere oder längere Abschnitte auf der DNA, die spezifische Erbinformationen beinhalten und mit für die Ausbildung bestimmter Merkmale verantwortlich sind. Die Zahl der menschlichen Gene ist nach wie vor nicht bekannt; gegenwärtig schätzen die Wissenschaftler, dass der Mensch über ungefähr 80 000 bis 100 000 Gene verfügt.[91] Aber die DNA umfasst nicht bloß Gene: »Zwischen den einzelnen Genen gibt es Zwischenräume, die oft länger sind als die Gene selbst und bei uns sogar an die 97 % des gesamten Genoms ausmachen. [...] Worin übrigens die Funktion dieser langen Zwischenstücke besteht, ist noch weitgehend unbekannt.«[92]

Im Zuge des internationalen Humanen Genom Projektes (HPG), zu dem die im September 1988 gegründete Human Genome Organisation (HUGO) beiträgt, konnten mittlerweile erste Chromosomen vollständig sequenziert werden. Im Sommer 2000 ist die Sequenzierung bzw. die Buchstabierung von mehr als 90 % des gesamten Genoms gelungen. Daneben kennt man inzwischen von etwa 7000 Genen die unmittelbaren Funktionen. Diese Zahl darf indessen nicht überschätzt werden: ist die Anzahl der monogenen Merkmale gegenüber den komplexen Merkmalen, wo eine Vielzahl von Genen an der Ausbildung eines betreffenden Merkmals beteiligt ist, doch verschwindend klein.[93] Hierbei gilt es in Bezug auf die Gentherapie natürlich zu bedenken, dass wir, wenn wir im komplexen Zusammenspiel der Gene einen Mitspieler austauschen, nicht nur eine Funktion korrigieren, sondern in zahlreichen anderen funktionalen Kontexten vollkommen neue, unüberschaubare Verhältnisse schaffen. Versuchen wir nun den Ausschnitt unseres betreffenden Wissens etwas zu konturieren, dann müssen wir feststellen, dass wir uns mit den Genen zunächst nur auf 3 % der DNA konzentrieren. Ferner, dass wir nach großzügiger Schätzung bei etwa 10 % der Gene ihre Einzelfunktionen kennen, die ihrerseits – diesmal mehr als großzügig aufgerundet (denn niemand traut sich hier im Moment eine genaue Schätzung zu) – mit Sicherheit weniger als 10 % sämtlicher Funktionen eines Gens ausmachen. Was die Funktionen der DNA und damit den Ausschnitt überschaubarer Folgen einer Gentherapie betrifft, bewegen wir uns mithin schließlich in einem Raum, wo wir über 0,3 Promille aller Informationen verfügen: großzügig ausgelegt. Im Privaten kämen wir wohl gar nie auf die Idee, eine Folgenabschätzung durchzuführen, wenn wir die möglichen Folgen unseres Handelns bloß zu 0,3 Promille überschauen: Es wäre einfach irrational!

Hinzu kommt die Eingeschränktheit der menschlichen Fantasie, die sich grundsätzlich schwer tut, sich die Folgen einer Handlung auszumalen, solange der Mensch über keine betreffenden Erfahrungen verfügt. Diesen Umstand mag eine kleine Meldung unter dem Titel »Folgenschwerer Brückentest« aus der *Basler Zeitung* illustrieren:

»Ein mit Passagieren besetzter Zug ist im vergangenen Oktober von den britischen Eisenbahnen für den Belastbarkeitstest einer Brücke benutzt worden – mit verheerenden Folgen: Die durch Hochwasser beschädigte Brücke brach zusammen und vier Fahrgäste kamen ums Leben. Dieser fragwürdige Test wurde nun bei der Untersuchung des Zugunglücks über dem walisischen Fluss Towy bekannt. Der zuständige Manager von British Rail sagte, dass er zwar eine Hochwasserwarnung erhalten hatte. ›Ich habe aber nie erlebt, dass eine Brücke zusammenstürzt. Es gab daher keinen Grund, eine Einsturzgefahr anzunehmen‹, erklärte Scott.«[94]

Wenn wir in der Gentechnologie zuerst einmal erlebt haben müssen, was alles schief gehen kann, dann dürfte es für die Menschheit nicht ganz einfach werden.

Um jenen eklatanten Mangel an Einbildungskraft zu kompensieren, verlangte Hans Jonas in seinem Werk *Das Prinzip Verantwortung* schon Ende der Siebzigerjahre, dass »eine Wissenschaft hypothetischer Vorhersagen, eine ›vergleichende Futurologie‹, ausgebildet werden«[95] soll. Diese Wissenschaft hat die Funktion einer »Heuristik der Furcht«[96], deren Ausbildung gewissermaßen eine Pflicht darstellt. Wo »das zu Fürchtende eben noch nicht erfahren ist und vielleicht gar keine Analogien in vergangener und gegenwärtiger Erfahrung hat«, muss »das vorgestellte malum die Rolle des erfahrenen malum übernehmen, und diese Vorstellung stellt sich nicht von selbst ein, sondern muß absichtlich beschafft werden: also wird die vorausdenkende Beschaffung dieser Vorstellung selbst zur ersten, sozusagen einleitenden Pflicht«[97]. Gegenwärtig scheint indessen eher in eine »Heuristik der Gefahrenverdrängung« investiert zu werden.

In der Genethik, bei der wir es mit einem Gegenstand zu tun haben, mit dessen Umgang wir noch kaum Erfahrungen sammeln konnten, sind ethische Theorien, die sich auf die Abschätzung der Folgen einer Handlung oder einer Handlungsweise stützen, fast nicht anzuwenden. Da lediglich 0,3 Promille der möglichen Folgen in den Blick genommen werden können, müssen konsequenzialistische Theorien wie der Utilitarismus mit seinem Nutzenprinzip einfach scheitern. Diese Rechnung soll nun aber nicht von vornherein als ein konservatives Argument gegen die Genforschung am Menschen verstanden werden, sondern dient einstweilen allein der bedingten Kritik einer vermeintlichen konsequenzialistisch-ethischen Begründung der Billigung von Genomanalyse und Gentherapie.[98]

Die Tierethik und das Scheitern normativer Ethik

Die Tierethik thematisiert alle jene moralischen Probleme, die sich im Umgang der Menschen mit den Tieren ergeben. Das traditionelle, gewöhnliche Verhältnis der Menschen zu den Tieren erscheint aus einer stark anthropomorphisierenden Perspektive als eine Geschichte der Folter und des Mordes. Zum Zwecke der Fleischproduktion und der Pelzgewinnung werden Tiere unter den unwürdigsten und grausamsten Bedingungen aufgezogen, gehalten und schließlich getötet. Dabei »gibt es viele [...] Dinge, die man den Tieren antut, um sie billig auf unseren Mittagstisch zu bringen. Kastration, die Trennung von Muttertier und Jungem, das Auflösen von Herden, Brandzeichen, Transport und am Schluß das Schlachten [...].«[99] Aber nicht nur die so genannten Nutztiere, auch die Wildtiere werden vom Menschen – zum Teil verbunden mit den abscheulichsten Quälereien – getötet: bei der Safari oder der Treibjagd, beim Angeln oder durch die Fallenstellerei. Auf grausame Weise getötet werden Tiere des Weiteren im Stierkampf, im Hundekampf, im Hahnenkampf. In Tierversuchen werden ihnen unter den misslichsten Bedingungen unvorstellbare Schmerzen zugemutet. Gefangen, gequält und gedemütigt wird das Tier zum Amüsement der Menschen außerdem im Zoo, im Zirkus oder beim Sport. Als Haus- oder Wohnungstier wird es zum Partnerersatz gemacht und gelegentlich nach Abbruch der Beziehung durch den Menschen einfach ausgesetzt und seinem Schicksal überlassen.

Eine solche Behandlung der Tiere dürfte nur solange als gerechtfertigt erscheinen, wie der Mensch im Tier nichts anderes als eine Sache zu sehen vermag. Die Erkenntnisse aus der Verhaltensforschung und der Tierpsychologie haben allerdings gegenüber dieser Ansicht mehr als bloß Zweifel aufkommen lassen. Darüber hinaus hat die biologische Evolutionstheorie dem

Menschen gar eine gewisse Wesensverwandtschaft mit dem Tier vor Augen geführt.[100] Aufgabe der Tierethik ist es daher, das Verhältnis zwischen Mensch und Tier unter diesen Aspekten neu zu reflektieren und die Tiere mit ihren spezifischen Bedürfnissen – soweit es Gründe dafür gibt – in gewisser Weise in die moralische Gemeinschaft der Menschen einzubeziehen. Die Tierethik sieht sich dabei allerdings mit der Situation konfrontiert, dass im Grunde keine normativ-ethische Theorie ihr Moralprinzip eindeutig auf die Tiere anzuwenden und damit die Tiere unmittelbar in die moralische Gemeinschaft einzugliedern vermag. Mit diesem »Scheitern« ethischer Theorien möchte ich mich jetzt beschäftigen.

Für René Descartes (1596-1650), den Begründer des neuzeitlichen Rationalismus, ergeben sich keine spezifischen tierethischen Probleme: Für ihn sind die Tiere mit Maschinen zu vergleichen und stellen darum bloße Sachen dar. Um mehr zu sein, müssten die Tiere nach Descartes über Verstand verfügen. Da die Tiere sich nicht durch Sprache mitteilen können, besitzen sie gemäß Descartes jedoch auch keinen Verstand.[101] »Denn es ist offenkundig, daß man nur sehr wenig Verstand braucht, um reden zu können [...].«[102] Soweit der moralische Wert eines Lebewesens davon abhängig gemacht wird, ob es über Verstand bzw. Ratio verfügt oder nicht, könnte man eine betreffende normativ-ethische Theorie als »ratiozentrisch« bezeichnen.

Einen solchen Ratiozentrismus vertritt etwa auch Kant: Nach ihm eignet allen Vernunftwesen aufgrund ihrer Vernünftigkeit der Status eines Zweckes an sich. Als ein zur Vernunft fähiges Wesen darf der Mensch deshalb von anderen Menschen auch nicht zu irgendwelchen Zwecken instrumentalisiert werden[103], was Kant in einer spezifischen Formulierung des kategorischen Imperativs zum Ausdruck bringt: »Handle so, daß du die Menschheit sowohl in deiner Person, als in der Person eines jeden andern jederzeit zugleich als Zweck, niemals bloß als Mittel brauchst.«[104] Da die Tiere nach Kant weder über Selbstbewusstsein noch über Verstandesbegabung verfügen, repräsentieren sie im Unterschied zum Menschen keine Zwecke an sich und dürfen mithin als bloße Mittel zu menschlichen Zwecken instrumentalisiert werden. In der Konsequenz existieren auch keine direkten Pflichten, denen der Mensch gegenüber den Tieren nachzukommen hätte. Im Zusammenhang mit den Tieren spricht Kant allerdings vom Verbot der Tierquälerei als einer indirekten Pflicht: Denn »der Mensch, der schon gegen Tiere solche Grausamkeit ausübt, ist auch gegen Menschen ebenso abgehärtet«[105]. Tierquälerei ist nach Kant also deshalb verboten, weil sonst die spezifische Hemmschwelle im Menschen herabgesetzt und damit der Möglichkeit Vorschub geleistet würde, dass der Mensch in der Folge andere Menschen zu quälen beginnt.[106]

Diese Sichtweise wird durch die prinzipielle Überzeugung bestärkt, dass man nur denjenigen Lebewesen gegenüber Pflichten hat und Rechte einräumen muss, die grundsätzlich imstande sind, auch selbst Pflichten zu übernehmen: Objekte der Moral können nur diejenigen sein, die auch zugleich Subjekte der Moral zu sein vermögen. Erst der Kantianer Leonard Nelson (1882-1927) hat an dieser ratiozentrischen Supposition der Reziprozität der Pflichten zu rütteln begonnen: »Subjekte von Rechten sind [...] alle Wesen, die Interessen haben, Subjekte von Pflichten dagegen alle die, die darüber hinaus der Einsicht in die Anforderung der Pflicht fähig sind.«[107] Daraus, dass Nelson einigen Tieren aufgrund von Analogieschlüssen Interessen zugesteht, folgt für ihn, »daß es Pflichten gegen Tiere gibt, und daß diese Pflichten unmittelbare Pflichten sind«[108]. Mit dem Zugeständnis, dass auch Tiere Interessen haben können, und der Annahme von direkten Pflichten gegenüber Tieren ist der Weg allererst frei für eine ratiozentrische Tierethik. Nelsons Gedanken, dass Tieren Rechte einzuräumen sind, auch wenn diese nicht fähig sind, Pflichten zu übernehmen, greift sodann Joel Feinberg (geb. 1926) mit seinem »Interesse-Prinzip« [109] auf.[110] Interessen kann nur haben, wer über bewusste Vorstellungen verfügt und denkend mit diesen umgehen kann. »Interessen beruhen auf so etwas wie Wünschen und Zielen, die in irgendeiner Form Annahmen oder Bewußtsein voraussetzen.« [111] Soweit wir Tieren über entsprechende Analogieschlüsse Interessen zugestehen, kommen wir nicht umhin, ihnen auch ein gewisses Bewusstsein und betreffende Denkfähigkeiten zu unterstellen, womit die Tiere unmittelbar zu Objekten auch einer ratiozentrisch begründeten Moral werden müssen.

Mit Blick auf die Ergebnisse aus der Tierpsychologie und der Verhaltensforschung fällt es denn auch heute immer schwerer nachzuvollziehen, weshalb Tiere kein Selbstbewusstsein und kein Denkvermögen besitzen sollen.[112] Beispiele spezieller Leistungen von Tieren wie etwa die merkwürdige Rettung eines kleinen Knaben im Brookfield-Zoo bei Chicago im August 1996 durch einen Gorilla scheinen uns vielmehr den Glauben an tierische Denkfähigkeiten – zumindest bei den Menschenaffen – nahe zu legen. Jener Junge fiel in das Gorillagehege und blieb dort verletzt und bewusstlos liegen. Das Gorillaweibchen Binti Jua versuchte ihn zuerst vorsichtig auf seine Beine zu stellen. Als dies wegen der Bewusstlosigkeit des Knaben misslang, trug sie ihn vor die Stahltür im Gehege, durch die die Wärter jeweils das Gehege betreten – offenbar, damit er dort von den Wärtern geborgen werden konnte. Die ganze Zeit über verteidigte Binti Jua das Kind zudem vehement gegen andere, aggressive Gorillas. Erstaunlich sind auch die Leistungen jener Schimpansin namens Washoe, der von dem Forscherpaar Beatrice und Allen Gardner an der University of Nevada 132 Zeichen der Taubstummensprache Ameslan[113] beigebracht worden sind. Washoe schien sich nicht nur mit den Forschern verständigen zu können, sondern auch einen umfassenderen Gebrauch von der Sprache zu machen. »Es gibt Filmaufnahmen von Washoe, wie sie in einem Baum hockt, um sich vor ihren Gefährten zu verstecken, und sich selbst das Zeichen ›leise‹ gibt.«[114] Aber nicht nur von den Primaten wissen Tierpsychologen und Verhaltensforscher Erstaunliches zu berichten, sondern zum Beispiel auch von Quallen, Sepien oder Papageien. Auch wenn sich einige der gerühmten tierischen Leistungen am Ende als Projektionen ihrer Beobachter herausgestellt haben und als Anthropomorphismen aufgedeckt worden sind, »existiert ein harter Kern von Studien, die es ausgesprochen wahrscheinlich machen, daß zumindest einige Tiere in Ansätzen denken und ihnen Freude und Leid etwas bedeutet«[115].

Wenn nun allerdings diejenigen Tiere, die anscheinend in irgendeiner Weise denken können, im Rahmen einer ratiozentrischen Ethik nicht in die moralische Gemeinschaft aufgenommen würden, setzte sich diese dem Vorwurf des Speziesismus aus.[116] Der Begriff des Speziesismus ist von Peter Singer in Analogie zu den Begriffen des Rassismus und des Sexismus geprägt worden und meint die Benachteiligung einer anderen Spezies lediglich aufgrund ihrer Zugehörigkeit zu dieser Spezies. »Speziesismus [...] ist ein Vorurteil oder eine Befangenheit gegenüber den Interessen von Mitgliedern der eigenen Spezies, gerichtet gegen die Interessen der Mitglieder anderer Spezies.«[117] Um nicht speziesistisch zu sein, muss die ratiozentrische Ethik alle Wesen gleichermaßen berücksichtigen, die in irgendeiner Art denken können. Hier steht die ratiozentrische Ethik definitiv vor der unüberwindbaren Schwierigkeit festzustellen, welche Tiere denken und welche nicht. Bei den Primaten scheint das Einverständnis mittlerweile leichter zu fallen. Aber wie steht es bei Pferden und Hunden oder bei Fischen oder Fröschen? Und wo genau verläuft die Grenze der Denkfähigkeit?

Mit Hinweis auf die Arbeiten von George John Romanes, Henry Salt und James Rachels stellt etwa Jean-Claude Wolf den wichtigen Beitrag des Darwinismus bzw. der Evolutionstheorie bei der Entwicklung einer Tierethik heraus.[118] Dadurch, »dass die Vorstellung, der Mensch ›stamme vom Tier ab‹, dem arroganten Glauben widerspricht, wir seien ein ›großes Werk‹«[119], rückt sie den Menschen zugleich näher zum Tier. Besonderen Einfluss dürfte die Evolutionstheorie auf die Entwicklung der betreffenden Position des Utilitarismus gehabt haben. Für die klassischen Utilitaristen bildet zunächst »das größtmögliche Glück der größtmöglichen Zahl« das Kriterium bei der Wahl zwischen möglichen Handlungsalternativen, wie es Jeremy Bentham im weiter oben schon einmal zitierten utilitaristischen Prinzip beschreibt: »Unter dem Prinzip der Nützlichkeit ist jenes Prinzip zu verstehen, das schlechthin jede Handlung in dem Maß billigt oder mißbilligt, wie ihr die Tendenz innezuwohnen scheint, das Glück der Gruppe, deren Interesse in Frage steht, zu vermehren oder zu vermindern, oder [...] dieses Glück zu befördern oder zu verhindern.«[120] Genau besehen bezieht sich das Nutzenprinzip damit aber nicht nur auf Menschen als Objekte der Moral, sondern auf alle Wesen, die Freude und Schmerz empfinden können. Der klassische Utilitarismus und die meisten Ausprägungen des zeitgenössischen Utilitarismus lassen sich aus diesem Grunde auch als eine *pathozentrische* normativ-ethische Theorie beschreiben. Tatsächlich findet sich bei Jeremy Bentham ein bedeutsamer, viel zitierter Hinweis darauf, dass die Tiere beim Nutzenkalkül mit zu berücksichtigen sind.

»Vielleicht wird man eines Tages erkennen, dass die Anzahl Beine, die Behaarung der Haut oder das Enden des Os Sacrum alles ungenügende

Gründe sind, um ein empfindliches Wesen demselben Schicksal zu überlassen [den Launen eines Peinigers ausgeliefert zu sein]? Was ist es sonst, das die unüberwindbare Linie bestimmen soll? Ist es die Fähigkeit zu denken oder etwa zu sprechen? Aber ein ausgewachsenes Pferd oder ein Hund ist ein unvergleichlich vernünftigeres und auch gesprächigeres Wesen als ein Säugling von einem Tag, einer Woche oder gar einem Monat. Aber angenommen, es wäre nicht so, was würde es nützen? Die Frage ist nicht: ›Können sie denken?‹ Auch nicht: ›Können sie sprechen?‹ Sondern: ›Können sie leiden?‹« [121]

Für den Common Sense scheint es schon lange ausgemacht, dass einige Tiere Freude und Leid empfinden können. Wer seinen Hund zu einem zweiten Tierarzttermin förmlich zerren musste, wer die Panik eines Schweines auf dem Weg zum Schlachter einmal miterlebt hat, für den steht fest: Tiere haben Gefühle und Bewusstsein.[122] Pathozentrische Theorien wie der Utilitarismus oder die so genannte Mitleidsethik kommen von daher nicht umhin, Tiere als Objekte der Moral anzuerkennen. Das Problem, das sich ihnen hierbei allerdings stellt, besteht wiederum darin zu bestimmen, welche Tiere für empfindungsfähig zu erachten sind. Dass Hunde und Katzen Gefühle haben können, wird kaum jemand bestreiten wollen. Aber wie steht es mit Ratten oder Vögeln? Und mit Bienen oder Mücken? Und wie gelingt es, die richtige Grenze festzustellen?

Indem Ratiozentrismus und Pathozentrismus Bewusstsein und Leidensfähigkeit als Kriterien festlegen, ob wir einem Wesen gegenüber Pflichten haben oder nicht, betreiben sie lediglich Anthropomorphismus. Über Analogieschlüsse versuchen wir von dem äußeren Verhalten der Tiere, das mit dem unseren vergleichbar ist oder nicht, und von ihrer anatomischen Beschaffenheit auf ihre inneren Fähigkeiten zu schließen. Was uns dabei entgeht, ist der Blick auf all jene Fähigkeiten und Möglichkeiten der Tiere, über die wir als Menschen nicht verfügen. So wie alle erdichteten Wesen in Science-fiction-Romanen und -Filmen immer nur menschenähnlich dargestellt werden können, können wir uns das ganz Andere nicht einmal denken. Dies hat schon Ludwig Feuerbach festgestellt: »Der Mensch kann nun einmal nicht über sein wahres Wesen hinaus. Wohl mag er sich vermittelst der Phantasie Individuen anderer, angeblich höherer Art vorstellen, aber von seiner Gattung, seinem Wesen kann er nimmermehr abstrahieren; die Wesensbestimmungen, die er diesen andern Individuen gibt, sind immer aus seinem eignen Wesen geschöpfte Bestimmungen – Bestimmungen, in denen er in Wahrheit nur sich selbst abbildet und vergegenständlicht.«[123] Was Feuerbach hier für die Art und Weise konstatiert, wie Menschen sich höhere Wesen vorstellen, gilt natürlich auch für die Weise, wie der Mensch sich die aus seiner Sicht »niederen« Wesen vorstellt. Tatsächlich sind uns aber Fähigkeiten der Tiere bekannt, die unsere Fähigkeiten übersteigen: Einige Tiere können Töne hören, die uns völlig entgehen; andere haben einen elektrischen Sinn; einige verfügen über eine Art Echolotsystem und wiederum andere können infrarot sehen. Wäre es wenn auch nicht vorstellbar, so doch zumindest denkbar, dass Tiere andere Bewusstseins-, Denk- und Empfindungsformen kennen, die uns aufgrund unserer eingeschränkten Einbildungskraft entgehen müssen? Auf der Suche nach verlässlichen Anhaltspunkten, die die Anwendung der zur Disposition stehenden Moralprinzipien auch auf betroffene Tiere nahe legen, sind die tierethische Diskussion und Denkbewegung einstweilen auf der normativ-ethischen Reflexionsebene stecken geblieben und haben die angewandt-ethische Reflexionsebene noch kaum erreicht.

Die Ökologieethik und die Pluralität
normativ-ethischer Theorien

Dass der Lebensraum auf unserem Planeten zunehmend in Gefahr gerät, ist ein Gemeinplatz. Würden wir die zerstörten und gefährdeten Lebensräume mit dem Filzstift auf einem Tischglobus eintragen, würden wir wahrscheinlich schnell einsehen müssen, dass die politische Karte mittlerweile von sekundärer Bedeutung ist. Die Umweltkatastrophen beispielsweise in Seveso oder Bophal führten uns schlagartig vor Augen, was seit längerer Zeit schon schleichend im Gange gewesen ist: dass nämlich die großen Produktionsanlagen in den Industrienationen mit ihren Abgasen und Giften die Lebenselemente Boden, Luft und Wasser Schritt für Schritt unbrauchbar machen und zerstören. Atomtestgebiete und Unfälle in Atomreaktoren wie der von Tschernobyl haben zur Konsequenz, dass wir weitere unbewohnbare Flächen auf unserem Katastrophenglobus eintragen müssen. Zudem sind in der Folge alle jene Orte, wo Atomkraftwerke stehen oder wo Lager für atomare Abfälle eingerichtet werden, weitere kritische Sektoren. Atom- und Erdölindustrie holen teilweise gewisse Stoffe an die Erdoberfläche zurück, deren Verschluss – erdgeschichtlich betrachtet – die Fortentwicklung von Leben auf unserem Planeten allererst möglich machte, und verteilen sie über die ganze Welt. Darüber hinaus sind etwa in den Kriegen im Irak, im Kosovo und Tschetschenien durch die schonungslose Bombardierung von Raffinerien und chemischen Fabriken ganze Landstriche für lange vergiftet und unbewohnbar gemacht. Durch die Abholzung der Regenwälder und die kurzfristige landwirtschaftliche Nutzung der gewonnenen Anbauflächen wird der Bodenerosion Vorschub geleistet. Mit den in die Atmosphäre gelassenen FCKW, Autoabgasen und dem aus der umfassenden Nutzung der fossilen Brennstoffe entstehenden Kohlendioxid wird die Ozonschicht angegriffen und das Weltklima möglicherweise verändert. Damit ist nur ein Bruchteil jener ökologischen Probleme angetippt, mit denen wir uns heute konfrontiert sehen.

In Anbetracht der zunehmenden Verschmutzung, Vergiftung und Zerstörung unserer eigenen Lebensräume bzw. der Erde als unserer Lebensgrundlage durch die Produkte und den Abfall des technischen Fortschritts befinden wir uns vom Blickpunkt der Ökologie aus – je nach Einschätzung – in einer veritablen Krise oder am Anfang einer eigentlichen Katastrophe. Vor diesem Hintergrund reflektiert die Ökologieethik den gebotenen Umgang mit der Natur, und zwar im Hinblick auf das Ziel, die Fortexistenz menschlichen Lebens bzw. Nachhaltigkeit zu sichern. Den mittelbaren Gegenstand der Ökologieethik stellt also die Natur dar, weshalb die Ökologieethik gelegentlich auch Naturethik genannt wird.[124]

In der ökologieethischen Literatur werden dabei im Wesentlichen vier Problem- resp. Fragehorizonte in Bezug auf die Natur unterschieden.

1. Die Zerstörung der Natur durch den Menschen belegt, dass der Mensch der Natur zunächst keinen eigenen Wert beimisst, sondern in ihr nur ein Mittel sieht, die eigenen Bedürfnisse zu befriedigen. Robert Spaemann schreibt zu dieser Art der Naturbetrachtung: »[...] solange der Mensch die Natur ausschließlich funktional auf seine Bedürfnisse hin interpretiert und seinen Schutz der Natur an diesem Gesichtspunkt ausrichtet, wird er sukzessive in der Zerstörung fortfahren. Er wird das Problem ständig als ein Problem der Güterabwägung behandeln und jeweils von der Natur nur das übrig lassen, was bei einer solchen Abwägung *im Augenblick noch* ungeschoren davonkommt. Bei einer solchen Güterabwägung im Detail wird der Anteil der Natur ständig verkürzt.«[125] Wie also kann es zu einem Gleichgewicht zwischen der Nutzung und dem Schutz der Natur kommen?

2. Durch die Entgegensetzung von Mensch und Natur verkennt der Mensch zusehends die realen Zusammenhänge: Der Mensch selbst ist zuvorderst Natur und er kann auf Dauer nur im Frieden mit der Natur leben.[126] Wie also ist unser Verhältnis zur Natur vor dem Hintergrund dieses Bewusstseins zu gestalten? Inwieweit eignet der Natur ein Wert an sich?

3. Der heutige Mensch kann nicht darüber hinwegsehen, dass die Probleme, die seine Generation schafft, dereinst von seinen Kindern und Kindeskindern gelöst oder ausgebadet werden müssen. Die Liebe zu den Kindern und Enkelkindern lässt angesichts der ökologischen Weltlage die Sorge um deren Zukunft entstehen. Entsprechende Einsichten und Gefühle dürften das Prinzip Verantwortung stark machen, wie es Hans Jonas formulierte: »Handle so, daß die Wirkungen deiner Handlung verträglich sind mit der Permanenz echten menschlichen Lebens auf Erden.«[127] Seit dem so genannten Brundtland-Bericht spricht man in dem Kontext vor allem vom Prinzip der Nachhaltigkeit.[128] Aus ökologieethischer Sicht stellt sich die Frage: Inwiefern sind die zukünftigen Generationen bei unseren Handlungen mit zu berücksichtigen?[129] Haben die zukünftigen Generationen Rechte und Ansprüche an uns? Und wenn ja, welche?

4. In wirtschaftlichen Zusammenhängen sprechen wir gelegentlich von einem Nord-Süd-Gefälle und meinen damit, dass die Nationen im Norden finanzkräftiger sind und einen höheren Lebensstandard haben als die Nationen im Süden. Angesichts des Profits, den die einen aus der Ausbeutung der Natur ziehen, und der betreffenden Nachteile, die alle Bewohner dieser Welt tragen müssen, stellen sich spezifische Fragen der ökologischen Gerechtigkeit. »Unter diesem Begriff können diejenigen Gerechtigkeitsprobleme zusammengefaßt werden, die aufgrund der ökologischen Krise entstehen.«[130] Die Chinesen stehen beispielsweise davor, vom Fahrrad auf das Auto als Hauptverkehrs-

mittel umzusteigen. Wenn allerdings eine Milliarde Chinesen zusätzlich Auto fahren würde, dann drängt sich die Frage auf, ob die Erdatmosphäre die neu entstehende Abgasmenge überhaupt noch verkraften wird. Wenn nicht, können wir aber auch nicht selbst weiter auf unserem Recht bestehen, Auto zu fahren, und zugleich davon ausgehen, dass die Chinesen auf dieses Recht aus Rücksicht auf die Erde verzichten werden. Was also verlangt in solchen Situationen und Kontexten ökologische Gerechtigkeit?

Bei dem Versuch, die genannten Probleme zu lösen, entwickeln die verschiedenen normativ-ethischen Theorien teilweise wiederum ganz unterschiedliche Vorschläge. In der öko- und tierethischen Literatur werden die diversen normativ-ethischen Theorien in Gruppen eingeteilt, je nachdem was im Rahmen einer betreffenden Theorie Objekt der Moral sein kann.[131] Im Rahmen der *ratiozentrischen* Theorien wie des Kantianismus gibt es direkte moralische Verpflichtungen nur gegenüber Wesen, die über die Fähigkeit zur Vernunft verfügen. Wie wir bereits im vorangegangenen Kapitel gesehen haben, eignet den ratiozentrischen Theorien eine gewisse Tendenz zur Anthropozentrik. Zu den *pathozentrischen* Theorien gehören beispielsweise der Utilitarismus oder die Mitleidsethik; hier sind alle diejenigen Wesen Objekte der Moral, bei denen wir davon ausgehen, dass sie Empfindungen haben können. Dagegen behaupten *biozentrische* Theorien, dass wir jedem Lebewesen gegenüber moralische Verpflichtungen haben. Repräsentanten biozentrischer Anschauungen sind Albert Schweitzer mit seinem Grundsatz der »Ehrfurcht vor dem Leben« oder Paul W. Taylor und Robin Attfield.[132] Schließlich sehen die *physiozentrischen* oder *holistischen* Theorien die Natur insgesamt als Adressatin moralischer Handlungen; hier wären u. a. Arne Naess und die tiefenökologische Bewegung zu nennen.[133] In der Folge sollen nun aber nicht die betreffenden Lösungsansätze diskutiert[134], vielmehr soll der Frage nachgegangen werden, wie grundsätzlich mit dem Problem der Pluralität normativ-ethischer Theorien umzugehen ist. Intuitiv dürften nämlich die meisten Menschen die Überzeugung teilen, dass wir die globalen ökologischen Probleme so lange nicht in den Griff bekommen, wie wir uns nicht vorab über die fundamentalen Ansichten und Überzeugungen sowie in der Konsequenz über den Status der Natur und den Umgang mit ihr einigen können.

Demgemäß scheint auch Konrad Ott die Ansicht zu vertreten, dass das Problem mit den disparaten Ethiktheorien auf die grundsätzliche Alternative hinausläuft: »Entweder *eine* Ethik oder letztlich keine.«[135] Trotzdem sieht Ott prinzipiell zwei mögliche Lösungen dieses Dilemmas. Zum einen könne man versuchen, in einem rationalen Ausscheidungsverfahren diejenige Theorie zu eruieren, die gegenüber jeder anderen Theorie spezifische Vorteile hat. Zum anderen gebe es aber auch noch die Vorstellung eines Zusammenwirkens der diversen Theorien. Für das betreffende Selektionsverfahren listet Ott acht Kriterien auf. Im Sinne eines Hauptkriteriums gilt zunächst der Grundsatz: »Eine ethische Theorie E_1, die hinsichtlich ihrer Grundvorstellungen für bestimmte Praxissektoren besonders relevant, für andere Praxissektoren hingegen irrelevant ist, kann gegenüber einer konkurrierenden Theorie E_2 nicht den Vorzug verdienen, die für alle Praxissektoren gleichermaßen stark relevant ist.«[136] Ferner sei jeweils derjenigen Theorie der Vorzug zu geben, die sich auf eine die diversen Praxissektoren verbindende Metapraxis wie das Argumentieren bezieht. Als weitere Momente der Selektion schlägt Ott sodann vor: »3) Kompatibilität mit moralischen Grundüberzeugungen, 4) Kompatibilität mit wissenschaftlicher Rationalität, 5) interne Widerspruchsfreiheit, 6) interne Ableitungsstärke hinsichtlich des Moralprinzips,

7) keine großen und notgedrungenen Anleihen bei konkurrierenden Ethiken, 8) konsistenter Bezug zu einer metaethischen Theorie«[137]. Für Ott selbst steht fest, dass aus diesem Ausscheidungsverfahren am Ende die Diskursethik als Siegerin hervorgehen wird. Er gesteht jedoch ein, dass diese Überzeugung nicht ganz unabhängig ist von seinen persönlichen Präferenzen.[138]

Daneben spricht Ott noch eine zweite Möglichkeit an, mit der Vielzahl der Ethiktheorien umzugehen. Indem man »durch plausible Zuordnungen von Praxissektoren und Ethikkonzeptionen«[139] ein Nebeneinander der Ethiktheorien ermöglicht, könne auch der Einsicht entsprochen werden, dass letztlich alle Theorien einen spezifischen Wahrheitskern besitzen. So könne der Utilitarismus etwa die Federführung im Wirtschaftsbereich übernehmen, während die Diskursethik die Grundtheorie für die politische Ethik abgebe etc. Natürlich wäre damit die Frage, wie zwischen konkurrierenden Ansprüchen zu entscheiden und wie zwischen den Sektoren zu vermitteln ist, von Neuem gestellt. Gleichwohl bin ich meinerseits davon überzeugt, dass die Lösung des Problems der disparaten Ethiktheorien nur in Richtung einer Vermittlung zwischen den Theorien gehen kann.[140]

In Bezug auf die Pluralität normativ-ethischer Theorien möchte ich nun zusammenfassend drei Dinge festhalten: 1. Das Vorhandensein unterschiedlicher Ethiktheorien spiegelt lediglich die disparate Vielheit unserer lebens- und weltanschaulichen Orientierungen wider. Auf eine persönliche Orientierung können wir dabei allerdings auch nicht verzichten. 2. Tatsächlich gibt es Bereiche, etwa die Genforschung am Menschen, in denen gewisse Theorien wie die konsequenzialistischen Theorien eigentlich nicht anwendbar sind. In anderen Bereichen wie beim Umgang mit Tieren greifen die ethischen Theorien insgesamt kaum. Hier bietet sich jeweils bloß noch ein entsprechendes Moratorium als einzige verbleibende moralische Lösung an. 3. Darüber hinaus stehen wir immer wieder vor einer Vielzahl von ethischen Theorien, die sich von einem unparteiischen Standpunkt aus kaum reduzieren lässt. Am Ende bleibt die Wahl einer normativ-ethischen Theorie eine Frage der eigenen Lebens- und Weltanschauung, was in der Konsequenz zu spezifischen Problemen der Vermittlung mit anderen ethischen Theorien, die auf anderen Lebens- und Weltanschauungen basieren, führt. Die Philosophie kann und darf hier nicht die Entscheidung übernehmen, sondern kann bestenfalls als Beraterin auftreten, um das Konzert der Theorien aus dem Bereich der Kakophonie hin zu dem der Symphonie zu führen.

Die Sozialethik oder das extensive Moment der Moral

Zur Moral habe ich weiter oben alle Urteile, Regeln, Prinzipien usw. gezählt, mit denen ein Anspruch auf allgemeine Verbindlichkeit und ein Anspruch auf kategorische Gültigkeit verknüpft werden. Während sich die Moral durch ihre allgemeine Verbindlichkeit an alle Menschen als Subjekte der Moral richtet, verweist die kategorische Gültigkeit der Moral auf eine unbedingte Zielorientierung. Allgemeine Verbindlichkeit kann mithin als das extensive Moment der Moral, kategorische Gültigkeit als das intensive Moment begriffen werden. Beide Aspekte verweisen auf die zwei griechischen Formen von »Ethos« wie auch auf die doppelte Bedeutung des lateinischen Ursprunges von »Moral«. Zum einen wurden damit die gemeinsamen Sitten und Bräuche, zum anderen der entsprechend geformte Charakter des Einzelnen bezeichnet.[141] Diese im Begriff der Moral verschränkten Momente stecken auch hinter einer begrifflichen Unterscheidung, die seit dem 19. Jahrhundert gemacht wird: zwischen der Sozialethik und der Individualethik.[142] »Die Sozialethik in einem weiteren Sinn untersucht die sittlichen Normen und Prinzipien menschlichen Zusammenlebens im institutionalisierten und nichtinstitutionalisierten Bereich. Die Sozialethik im engeren Sinn klammert die Pflichten aus, die der Mensch als Individuum gegenüber anderen hat, und konzentriert sich auf die normalen Fragen der Grundinstitutionen: auf den Sinn und die sittlich angemessene Ordnung von Ehe und Familie, Eigentum und Wirtschaft, Recht, Strafe, Staat usw.«[143] In einer weiteren Bedeutung gehört all das zum Aufgabenbereich der Sozialethik, was zur Explikation des extensiven Momentes der Moral gehört. Wo sich die Sozialethik hingegen in einer engeren Bedeutung darum bemüht, konkrete Formen und Institutionen menschlichen Zusammenlebens zu entwerfen und zu begründen, wird sie zu einer angewandt-ethischen Spezialdisziplin.

Die Sozialethik als angewandte Ethik orientiert sich am Prinzip der sozialen Gerechtigkeit und will entsprechende Normen für die Gestaltung der Beziehungen der Menschen untereinander bereitstellen. Sie ist die unmittelbare Schirmherrin und Zulieferdisziplin etwa der politischen Ethik oder auch der Wirtschaftsethik. »In Ergänzung zur Sozialethik, die die angemessene Grundordnung der Gesellschaft bestimmt, untersucht die Individualethik die Pflichten des Individuums gegen sich selbst und den Mitmenschen (etwa die Verbote zu töten, zu lügen, zu stehlen).«[144] Ohne nun im Speziellen auf die sozialethische Diskussion einzugehen, möchte ich an dieser Stelle die Bedeutung jenes extensiven Momentes der Moral erläutern und dabei zeigen, worauf die Sozialethik als angewandte Ethik abzielt. Die betreffenden Ausführungen werden dem Leser eventuell etwas abstrakt erscheinen und damit nicht unmittelbar den Erwartungen an eine Einführung in die angewandte Ethik entsprechen. Der Umfang und die Abstraktheit dieser Darstellung rechtfertigen sich aber im vorliegenden Zusammenhang aus der Sonderstellung, die die Sozialethik sozusagen durch ihre gleichzeitige Funktion einer ethischen Fundamentaldisziplin und einer Bereichsethik innehat.

In seinem Buch *In eisige Höhen* rekonstruiert Jon Krakauer das Drama um eine kommerzielle Mount-Everest-Besteigung, bei der am 10. Mai 1996 die beiden Bergführer Rob Hall und Scott Fischer sowie drei weitere Bergsteiger den Tod fanden.[145] Zur gleichen Zeit spielte sich auf der anderen Seite des Berges ein zweites Drama ab. Während Hall und Fischer mit ihren Leuten von der nepalesischen Seite her über den Südsattel aufstiegen, versuchten drei indische Bergsteiger von der tibetischen Seite her auf dem Nordostgrat den Mount Everest zu besteigen. Nachdem die drei Inder bereits etwa 150 Meter unterhalb des Gipfels ihre vermeintliche Besteigung gefeiert hatten, begannen sie mit dem beschwerlichen Abstieg. Dabei gerieten sie in den Schneesturm, der letztlich auch Hall und Fischer zum Verhängnis geworden ist. Am 11. Mai 1996 versuchten sodann zwei Japaner, den Mount Everest trotz widrigster Wetterverhältnisse zu bezwingen. Bei ihrem Aufstieg begegneten sie den drei vom Tode bedrohten Indern, denen unter anderem der Sauerstoff ausgegangen war und die nicht mehr weiter konnten. Die beiden Japaner halfen ihnen in keiner Weise, weder mit Verpflegung noch mit Sauerstoff oder sonstwie. Etwa fünfzig Meter von den Indern entfernt legten sie eine Rast ein, bevor sie ihren Aufstieg fortsetzten. Nach der erfolgreichen Besteigung des Mount Everest durch die Japaner kam es zu einer zweiten Begegnung mit den mittlerweile im Sterben liegenden Indern. Die beiden Japaner befreiten einen der Inder aus seiner Verstrickheit mit einem Fixseil, darüber hinaus kam es jedoch zu keiner weiteren Hilfeleistung. Angesprochen auf ihr Verhalten, das jeder moralischen Intuition widerspricht, erklärten die beiden Japaner zu ihrer Rechtfertigung hernach: »Oberhalb von 8000 Metern ist nicht der Ort, wo Leute sich so was wie Moral leisten können.«[146] Diese Aussage soll den Ausgangspunkt bilden, um nach dem Sinn der Moral und damit der angewandten Ethik zu fragen.

Die beiden Japaner hätten nach ihrer Rückkehr natürlich auch sagen können, dass sie nachträglich selbst nicht verstehen, weshalb sie den Indern nicht geholfen haben, oder dass es ihnen schlichtweg nicht möglich gewesen wäre zu helfen. Wie man weiß, reduziert sich die Sauerstoffzufuhr zum Gehirn in jenen Höhen um ein Vielfaches, was zur Folge hat, dass man nicht mehr klar denken kann und das Urteilsvermögen stark eingeschränkt ist. Die beiden Japaner, so hätte die Rechtfertigung lauten können, sind in jenen Höhen zu bloßen Naturwesen regrediert, die nichts anderes mehr tun konnten, als was sie sich vorgenommen hatten. Ihre Erklärung, sie hätten sich Moral nicht leisten können, verweist indessen auf eine Entscheidung und damit auf die Freiheit, sich so oder anders zu entscheiden. Die Frage, ob ich mir etwas leisten kann oder nicht, bewegt sich in direkter Analogie zur ethischen Generalfrage »Was soll ich thun?«[147], wie sie Kant einst formuliert hat. Während das bloße Naturwesen sich nicht anders verhalten kann, als es sich verhält, weil es ist, wie es ist, versteht sich der Mensch als ein Freiheitswesen, das grundsätzlich zwischen verschiedenen Handlungsmöglichkeiten wählen kann.

Die Frage ist sodann, welches Kriterium man seiner freien Entscheidung zugrunde legt. Zunächst könnte man den Sachverhalt aus einer rein individualistischen Perspektive angehen. Was soll ich als dieses Individuum mit diesen Privatinteressen tun? So gibt es doch ein paar Bergsteiger, die zumindest einen Hauch von Verständnis für die beiden Japaner signalisieren. Eine Mount-Everest-Besteigung erfordert eine längere Vorbereitung: Nicht nur die persönliche Kondition muss vorab auf einen gewissen Stand gebracht werden, auch die eigentliche Besteigung ist langwierig und mit einer anstrengenden Akklimatisationsphase verbunden. Dazu kommt, dass der Berg nur an wenigen Tagen im Frühjahr und im Herbst bestiegen werden kann. Aus einer rein individualistischen Perspektive könnte ich mir den folgenden, heute weit verbreiteten Grundsatz zu Eigen machen: »Lebe deine Träume und lass dich durch nichts von deinen individuellen Zielen abbringen.« Wer es sich mithin zum Ziel gesetzt hat, den Mount Everest einmal im Leben zu besteigen, und seit zwei Jahren nun alles daran gesetzt hat, dieses Ziel zu erreichen, wird dieses Ziel auch dann nicht aus den Augen verlieren, wenn er drei Sterbenden begegnet.

Stellen wir uns jetzt einmal vor, die drei Inder wären nicht von Japanern, sondern von Schweizern gefunden worden, und die Schweizer Bergsteiger hätten ihnen geholfen. Damit will ich freilich nicht sagen, dass die Schweizer grundsätzlich bessere Menschen sind als die Japaner. Als Angehörige einer Nation, die auf den florierenden Tourismus angewiesen ist, hätten die beiden Schweizer sich möglicherweise überlegt, dass sie durch eine Unterlassung der Hilfeleistung dem Image der Schweizer Bergführer schadeten und damit der Tourismusindustrie ihres Landes insgesamt, was letztlich auch keine unschweizerische Überlegung darstellt. Die drei Inder hätten dann vielleicht überlebt und wären am Ende gar in einem Werbespot für Davos oder Zermatt aufgetreten. Die Rettung der Inder hätten wir dann aber intuitiv noch nicht als eine moralische Leistung interpretiert, denn die beiden Schweizer hätten eher aus Klugheit gehandelt. »Das Wort Klugheit wird in zwiefachem Sinn genommen, einmal kann es den Namen Weltklugheit, im zweiten den der Privatklugheit führen. Die erste ist die Geschicklichkeit eines Menschen, auf andere Einfluß zu haben, um sie zu seinen Absichten zu gebrauchen. Die zweite die Einsicht, alle diese Absichten zu seinem eigenen daurenden Vorteil zu vereinigen.«[148]

71

Wer klug handelt – sei es, dass er dabei auf seinen eigenen Vorteil schaut, oder sei es, dass er auf den Vorteil der Gruppe oder Nation schaut, der er angehört –, handelt indessen noch lange nicht moralisch.

Nun hätten sich die beiden Bergsteiger allerdings auch aus einer allgemeineren Perspektive fragen können: Was soll ich in der gegebenen Situation tun, allein in Berücksichtigung des Umstandes, dass ich ein Mensch bin und dass die in Not Geratenen Menschen sind? Die Frage hätte dann nicht gelautet: Was nützt meinen Privatinteressen? Auch nicht: Was dient den Interessen unseres Landes und unserer Wirtschaft? Sondern: Was ist menschlich? Was ist allgemein zu tun? Damit wäre die Frage allererst auf einer moralischen Ebene gestellt worden.[149] Denn eine moralische Qualität gestehen wir nur denjenigen Urteilen und Handlungsweisen zu, die sich in gewisser Weise verallgemeinern bzw. universalisieren lassen. »Jeder, der ernsthaft behauptet, irgendeine Handlung (Person, Sachverhalt usw.) sei sittlich richtig oder falsch, gut oder schlecht, geboten oder verboten, ist damit gehalten, dieselbe Ansicht hinsichtlich jeder in den relevanten Gesichtspunkten ähnlichen Handlung (usw.) zu vertreten.«[150] Dadurch nun, dass wir unsere Handlungsregeln dem Test der Verallgemeinerbarkeit unterziehen, verbinden wir uns ferner mit den anderen Menschen und stellen so etwas wie Gemeinschaft mit ihnen her: worin sich eben das extensive Moment der Moral manifestiert. In seiner *Ethik* unterscheidet John Leslie Mackie dabei drei Stufen der Universalisierung.[151]

Auf einer ersten Stufe der Verallgemeinerung darf ich niemanden nur deshalb anders behandeln, als ich an seiner Stelle behandelt werden möchte, weil er jemand anderer ist. Wenn ich in der Situation der indischen Bergsteiger Hilfe erwarten würde, dann bin ich auch meinerseits zur Hilfeleistung verpflichtet. Und umgekehrt: Würde ich selbst auch in der größten Notlage nicht erwarten, dass mir jemand hilft, so unterstehe ich nicht der Verpflichtung, anderen in einer vergleichbaren Lage zu helfen. Hierin scheint eine mögliche moralische Rechtfertigung zu liegen, die jene beiden Japaner für ihre Unterlassung einer Hilfeleistung offenbar hätten in Anspruch nehmen können. »Behauptet wird demnach, jede ernsthaft universalisierte oder universalisierbare Forderung, deren Verfechter bereit sei, sie in gleicher Weise auf sich selbst wie auf andere anzuwenden, und zu der er auch noch stehen würde, wenn in zwischenmenschlichen Beziehungen die Rollen vertauscht wären, sei eine moralische Regel. Nach dieser Auffassung gibt es nur formale, jedoch keine materialen Beschränkungen für das, was als moralisch gelten kann.«[152] Das Paradigma der Verallgemeinerung auf dieser ersten Stufe repräsentiert die goldene Regel aus der Bergpredigt des Matthäus-Evangeliums: »Alles, was ihr also von anderen erwartet, das tut auch ihnen!«[153] Mit dieser Weise der Universalisierung sieht Mackie indessen zwei Arten der Unfairness verknüpft.[154]

Die erste Art solcher Unfairness meint die stillschweigende Verallgemeinerung der individuellen Lebensumstände.

»Diese Art von Unfairneß ergibt sich gewöhnlich dann, wenn Menschen universal präskriptive Prinzipien übernehmen, die all jene bevorzugen, die ihnen in irgendwelcher Hinsicht ähnlich sind. [...] Wer sich in einer starken Position glaubt, d.h. fähig, im Wettkampf zu bestehen, könnte moralische Regeln gutheißen, die harte Auseinandersetzungen zulassen. Ein guter Fechter oder treffsicherer Schütze könnte die Institution des Duells für eine angemessene Form zur Wahrung der eigenen Ehre ansehen, während jemand, der im Umgang mit Worten geschickter ist als im Umgang mit Waffen, eher dazu neigt, diese Aufgabe den Gerichten zu überlassen.«[155]

Die Unfairness besteht also darin, dass jemand bei der Universalisierung seiner Sichtweisen und Urteile völlig ignoriert, dass nicht alle anderen Menschen über dieselben Fähigkeiten und Talente, über dasselbe Temperament, dieselben Charakteranlagen und positiven Lebensumstände verfügen wie er. Dies führt dann dazu, dass all jene Menschen, die ihm in Bezug auf Charakter und Lebenssituation nicht ähnlich sind, von ihm überfordert und in der Konsequenz benachteiligt werden.

Die zweite Form von Unfairness hingegen besteht darin, dass die eigenen Neigungen und Interessen sowie die eigene Wertewelt universalisiert werden. »Der Abstinenzler könnte voller Freude universal vorschreiben, niemand solle Wein oder Bier trinken, der Spießbürger, die Erhaltung alter Gebäude sollte niemals der Neuanlage oder der Erweiterung der Straßen vorgezogen werden, der eingefleischte Individualist, öffentliche Hilfen sollten auf ein Minimum beschränkt bleiben. [...] Die Durchsetzung solcher Vorlieben könnte aber durchaus als unfair betrachtet werden.«[156] Die Art von Gemeinschaft nun, die der ersten Universalisierungsstufe mit ihren beiden Weisen der Unfairness entspricht, ist eine Gemeinschaft der allgegenwärtigen Maßlosigkeit sowie der gegenseitigen Überforderung und Kolonialisierung. In ihr bleibt kein Raum für Einfühlung und Empathie; vielmehr herrscht in gewisser Hinsicht noch immer das Vorrecht des Rücksichtsloseren, des Unempfindlicheren und des Gewaltvolleren, des Aggressiveren.

Auf der zweiten Universalisierungsstufe, auf der man »sich selbst in die Lage des anderen [zu] versetzen«[157] versucht, wird die erste Art der Unfairness vermieden. Denn: »Die Frage, ob eine Maxime, der man zuneigt, tatsächlich universalisierbar ist, wird dadurch entschieden, daß man sich in die Lage des anderen versetzt und sich fragt, ob man auch in diesem Fall, auch im Fall, daß man selbst der Betroffene ist, zu der Handlungsanweisung stehen würde.«[158] Auf dieser Stufe wird bei der Universalisierung der eigenen moralischen Urteile im Sinne eines spezifischen »Rollentausches« dem Umstand Rechnung getragen, dass andere Menschen vielleicht nicht dieselben Talente und Möglichkeiten haben, über die man selbst verfügt, dass es eben nicht gerecht, nicht fair wäre, die moralischen Normen auf entsprechenden besonderen Anlagen und individuellen Vorteilen oder speziellen Umständen und Gegebenheiten aufzubauen. Die betreffende Form der Universalisierung vermeidet indessen nicht die andere Weise der Unfairness. »Bei dieser zweiten Stufe der Universalisierung versetzt man sich in die Lage des anderen, jedoch mit den eigenen gegenwärtigen Vorlieben, Wertvorstellungen und Idealen.«[159] Das Resultat der durchgängigen Universalisierung dieser zweiten Form wäre am Ende noch immer eine Gemeinschaft, in der jeder Mensch den anderen durch seine Wunschvorstellungen und Präferenzen kolonialisiert. Was im Zuge solcher Kolonialisierungen entsteht, sind folglich Binnengemeinschaften, die alle anderen Menschen ausschließen, soweit sie ihre Vorlieben, Werte und Ideale nicht teilen mögen.

Gegenüber den entsprechenden Binnenmoralen versucht nun die philosophische Ethik sozusagen eine Universalmoral zu entwerfen, die nicht nur von Eigenschaften und Talenten, sondern auch von allen spezifischen Präferenzen und Wertvorstellungen abzusehen sich bemüht. Instrument dazu ist eine Universalisierung, die auf einer dritten Stufe anzusiedeln ist. Hier geht es darum, »die unterschiedlichen Vorlieben und konkurrierenden Ideale [zu] berücksichtigen«[160]. Es wird der Versuch unternommen, sich in die Situation des anderen hineinzudenken und sich gleichzeitig in dessen Wertewelt einzufühlen: »Ganz offensichtlich versetzt die dritte Stufe der Universalisierung einen noch ernsthafter in die Lage des anderen, so daß seine Wünsche, sein Geschmack, seine Vorlieben, Ideale und Wertvorstellungen genauso wie seine anderen Qualitäten, Fähigkeiten und seine äußere Lage wie zu etwas Eigenem werden.«[161]

Die drei Universalisierungsstufen wirken – vom Stand der dritten Stufe aus gesehen – wie drei immer feiner werdende Raster: Was durch den Universalisierungstest der dritten Form als moralisch ausgezeichnet wird, scheint zuvor schon die Prüfungen durch die erste und die zweite Form bestanden zu haben. Am Ende »versucht man, die Sachlage zugleich aus der eigenen wie aus der Sicht des anderen zu betrachten und nach handlungsanleitenden Prinzipien (selbstverständlich schon in universalisierter bzw. universalisierbarer Form der ersten Stufe) zu suchen, die aus beiden Blickwinkeln annehmbar erscheinen oder, besser: da es nicht nur *einen* anderen, sondern unendlich viele andere Menschen gibt, aus allen Blickwinkeln«[162]. Aus diesem Grund ergeben sich aber auch moralische Handlungsvorschriften, die mit unseren eigenen Interessen in keiner Weise zusammenpassen. »Auf dieser dritten Stufe berücksichtigen wir in irgendeiner Hinsicht alle tatsächlichen Wünsche, Geschmäcker, Vorlieben, Ideale und Wertvorstellungen, einschließlich derjenigen, die von den unsrigen grundverschieden sind oder zu ihnen sogar in Widerspruch stehen, und folglich berücksichtigen wir in irgendeiner Weise alle tatsächlichen Interessen jedes beliebigen Menschen, einschließlich der Interessen, die aus Vorlieben und Wertvorstellungen herrühren, die wir selbst nicht teilen.«[163] Das Ziel dieser letzten Universalisierungsebene ist eine integrative Gemeinschaft, in der sämtliche Mitglieder die größtmöglichen Freiräume für ihre fundamentalen Interessen finden können.

Wie bereits angesprochen, schließen wir uns durch die Denkbewegung der Universalisierung mit anderen Menschen zu einer Gemeinschaft zusammen. Universalisierbare Normen sind moralische Normen, weil sie berechtigterweise allgemeine Verbindlichkeit beanspruchen können. Bisher ist man von einer gewissen Priorität der Gemeinschaft gegenüber deren Moral ausgegangen: Gemäß einer gängigen Vorstellung sind es die bestehenden Gemeinschaften, die ihre moralischen Normen allererst entwerfen, modifizieren und tradieren. Im Brennpunkt einer genaueren Betrachtung des Vorganges der Universalisierung, wie sie etwa mithilfe der Differenzierungen von Mackie durchgeführt werden kann, erweist sich diese Vorstellung als ein fundamentaler Irrtum. Vielmehr müssen wir die Moral als vorgängig annehmen, aus der eine Gemeinschaft dann erst entsteht. Moralische Regeln sind insofern wesentlich Regeln der Gemeinschaftsbildung.[164]

Gewöhnlich unterscheiden wir zwischen Gesellschaft und Gemeinschaft, wobei wir in den modernen Industrienationen dazu tendieren, uns eher als Mitglieder einer Gesellschaft zu sehen denn als Mitglieder von Gemeinschaften. Wie Ferdinand Tönnies herausstellt, mutet Gemeinschaft immer etwas altertümlich an. »Gemeinschaft ist alt, Gesellschaft neu, als Sache und Namen.«[165] Auf der anderen Seite steht der Begriff der Gemeinschaft für mehr Konstanz als der Begriff der Gesellschaft. »Gemeinschaft ist das dauernde und echte Zusammenleben, Gesellschaft nur ein vorübergehendes und scheinbares.«[166] In der multikulturellen Gesellschaft kann man nicht mehr davon ausgehen, dass unter den Mitgliedern dieser Gesellschaft – wie es in einem Nachschlagewerk der Soziologie von 1968 noch heißt – »Einigkeit über die grundlegenden und letzten Werte«[167] herrscht. Die Gesellschaft ist heute ein disparates Gebilde, das zunehmend bloß noch der ursprünglichen Wortbedeutung entspricht. »Gesellschaft bedeutet wörtlich den Inbegriff räumlich vereint lebender oder vorübergehend auf einem Raum vereinter Personen.«[168] Während »Gesellschaft« lediglich eine größere Gruppe zufällig zusammenlebender Menschen bezeichnet, kennzeichnet es eine Gemeinschaft, dass deren Mitglieder den Raum dieses Zusammenlebens bewusst um dieses Zusammenlebens willen gestalten.[169] »›Gesellschaft‹ hat [...] also eine weitere Bedeutung als ›Gemeinschaft‹, das ursprünglich ein Besitzverhältnis im Sinne gemeinsamer Bodennutzung (als Siedlungsverband im Wort ›Gemeinde‹ erhalten) anzeigte, später aber auch auf ideelle Gemeinsamkeiten übertragen wurde.«[170]

Von daher können wir nun auch die Funktion der Sozialethik genauer bestimmen: Die Sozialethik beschäftigt sich mit den moralischen Regeln, die zur Bildung von humanen Gemeinschaften anleiten. Sozialethik gehört nun insofern zur angewandten Ethik, als die von ihr entworfenen moralischen Normen oder Regeln der Gemeinschaftsbildung durch ihre Anwendung konkrete Gemeinschaften und entsprechende Institutionen hervorbringen. Indem sie allerdings das extensive Moment aller Moral expliziert, repräsentiert sie zugleich eine normativ-ethische Fundamentaldisziplin, die in enger Beziehung zu sämtlichen angewandten Ethiken steht. Denn bei Berufsethiken wie etwa der Medizinethik geht es nicht zuletzt auch um die Bildung von Handlungsgemeinschaften. In diesem Sinne könnte man das Ziel jeder Bereichsethik umformulieren und so beispielsweise das Ziel der Ökoethik als Bildung einer Interessengemeinschaft »Blauer Planet« begreifen. Diese Einsicht wirft nun auch ein völlig neues Licht auf einen Umstand, der im Zusammenhang mit den angewandten Ethiken zu Diskussionen Anlass gegeben hat.

Die beständig wachsende Liste der Bereichsethiken erweckt den Eindruck, es gäbe überhaupt kein Gebiet, für das sich nicht auch noch eine spezielle Ethik formulieren ließe. So wurde in der Wochenzeitung *Die Zeit*[171] etwa über die Diskussion um eine so genannte Hackerethik berichtet. Eine Ethik für Hacker scheint allerdings ein vollkommenes Unding zu sein, denn das unbefugte Eindringen in fremde Datenbanken dürfte für nichts anderes als ein moralisches Vergehen erachtet werden, das sich nun nicht auch noch moralisch gestalten lässt. Man kann nicht auf moralische Weise unmoralisch sein. Mit Blick auf solche Beispiele wird denn auch eine gewisse Kritik verstehbar, angewandte Ethik sei nichts weiter als eine Modeerscheinung, ihr eigne eine gewisse Beliebigkeit.[172] Der Wunsch nach einer gleichwohl unmöglichen Hackerethik wird allerdings vor dem Hintergrund des menschlichen Grundbedürfnisses nach Gemeinschaft zumindest verständlich. Durch ihr gemeinschaftsbildendes Potenzial sollte eine entsprechende Hackerethik in erster Linie jenes Bedürfnis befriedigen.

Die politische Ethik oder die funktionierende Gemeinschaft

Eine Subdisziplin der Sozialethik repräsentiert die politische Ethik, die sich zum einen um den ethischen Charakter der Verfassung und der Gesetze kümmert und zum anderen um die Moral der politischen Auseinandersetzung. »Die politische Ethik der Moderne seit Hobbes kann man als den Versuch der Rekonstruktion der normativen Gehalte eines gerechten Gemeinwesens interpretieren.«[173] Eine große Herausforderung für die politische Ethik ergibt sich heute durch die scheinbare Machtverlagerung von den politischen Entscheidungsträgern weg in den Bereich der wirtschaftlichen Entscheidungszentren[174], wobei die betreffende Entwicklung mit der Globalisierung in Verbindung gebracht wird.

Von der Globalisierung ist jedoch mit Ulrich Beck sinnvollerweise der Globalismus zu unterscheiden. »Mit Globalismus bezeichne ich die Auffassung, daß der Weltmarkt politisches Handeln verdrängt oder ersetzt, d.h. die Ideologie der Weltmarktherrschaft, die Ideologie des Neoliberalismus.«[175] Im Gegensatz hierzu meint die Globalisierung eine notwendige Ausdehnung bisheriger, in der Regel nationaler Sichtweisen auf eine globale Ebene. Da die meisten Probleme tatsächlich eine länder- und kontinentübergreifende Angelegenheit geworden sind, setzt denn etwa Otfried Höffe mit seinen Argumenten auch ein deutliches Fragezeichen hinter die vermeintliche »Entmachtung des Staates«.[176] Höffe sieht in der durch die Globalisierung bezeichneten Entwicklung letztlich keine grundsätzliche Infragestellung der Einzelstaaten, sondern eine Öffnung neuer politischer Dimensionen. »Die auch künftig gegebene Bedeutung von Einzelstaaten reicht [...] kaum so weit, daß sie den gesamten globalen Handlungsbedarf deckt. Infolgedessen drängt sich nicht anstelle der Einzelstaaten, aber zu ihrer Ergänzung eine politische Ordnung oberhalb der Einzelstaaten und am Ende eine globale politische Ordnung auf.«[177] In diesem Sinne optiert Höffe für die Schaffung einer »komplementären Weltrepublik«[178].

Im Zentrum der politisch-ethischen Diskussion steht jenseits dieser aktuellen Thematik gegenwärtig vor allem die Debatte zwischen dem Liberalismus und dem Kommunitarismus. Insgesamt geht es dabei um das Verhältnis zwischen Individuum und Gemeinschaft. Ausgelöst worden sein dürfte die Debatte durch die Beobachtung, dass das Freiheitsstreben der Individuen in den liberal verfassten westlichen Demokratien das Gemeinwesen dieser Demokratien zu untergraben scheint. Der anspruchsvolle Grundgedanke des Liberalismus und das Problem, das sich mit seiner Abstraktheit verknüpft, lassen sich leicht anhand der liberalen Grundformel explizieren, wie Kant sie geprägt hat. »Niemand kann mich zwingen auf seine Art (wie er sich das Wohlsein anderer Menschen denkt) glücklich zu sein, sondern ein jeder darf seine Glückseligkeit auf dem Wege suchen, welcher ihm selbst gut dünkt, wenn er nur der Freiheit Anderer, einem ähnlichen Zwecke nachzustreben, die mit der Freiheit von jedermann nach einem möglichen allgemeinen Gesetze zusammen bestehen kann, (d.i. diesem Rechte des Andern) nicht Abbruch thut.«[179] Der Liberalismus kann nur funktionieren, wenn er sich an einem substanziellen Freiheitsbegriff orientiert, der bei Freiheit nicht nur an Selbstbestimmungsrechte denken lässt, sondern immer auch das Moment vernünftiger Selbstbeschränkung mit enthält. Die Selbstbeschränkung der eigenen Freiheit ist die Conditio sine qua non, die eine liberale Gemeinschaft allererst ermöglicht und erhält. Denkt man Freiheit hingegen als Willkür, ist der Liberalismus seiner Kraft beraubt, in irgendeiner Weise noch Gemeinschaft herstellen zu können, und muss zum Neoliberalismus pervertieren.

Zum einen definiert der Liberalismus den einzelnen Menschen als ein »ungebundenes, d.h. gegenüber Zwecken und Zielen als primär und unabhängig verstandenes Selbst«[180], zum anderen schreibt er der Gemeinschaft lediglich die Funktion einer Wächterin über die Gerechtigkeit und über die Freiheit aller zu. Dabei stehen diese beiden Theoreme unmittelbar in einer Relation der wechselseitigen Bedingung zueinander. Was genau unter »Gerechtigkeit« zu verstehen ist, definiert John Rawls in seiner *Theorie der Gerechtigkeit* unter der Kapitelüberschrift »Die beiden Grundsätze der Gerechtigkeit«. Das zweite jener Gerechtigkeitsprinzipien lautet: »Soziale und wirtschaftliche Ungleichheiten sind so zu gestalten, daß (a) vernünftigerweise zu erwarten ist, daß sie zu jedermanns Vorteil dienen, und (b) sie mit Positionen und Ämtern verbunden sind, die jedem offen stehen.«[181] Die Hauptkritik von Michael J. Sandel, mit der er gewissermaßen die Diskussion eröffnet hat, richtet sich nun gegen den Teilgrundsatz (a), das so genannte Differenzprinzip, das Sandel auch als Teilungsprinzip bezeichnet. Sandel ist der Meinung, dass dieses Prinzip, durch das bestimmte Vorteile Einzelner dem Gemeinwohl unterstellt werden sollen, der Ungebundenheit des Subjektes widerspreche: Das ungebundene Selbst habe nämlich gar keinen Grund, mit anderen Subjekten zu teilen, sodass das Differenz- resp. Teilungsprinzip eine spezifische Art von Gemeinschaft als Voraussetzung mit einschließe.[182]

Als Bewegung ist der Kommunitarismus aus der kritischen Auseinandersetzung mit John Rawls' *Theorie der Gerechtigkeit* hervorgegangen. Der Kommunitarismus, der mit seinen Programmen übrigens – was den sozialen Aspekt anbelangt – ganz in der Tradition der Utopisten steht, versteht sich dabei zum Teil[183] explizit als Gegenposition zum Liberalismus.[184] Unter den Begründern des Kommunitarismus sind zuvorderst Sandel mit seinem Buch *Liberalism and the Limits of Justice*[185], Alasdair MacIntyre mit seinem Werk *After Virtue*[186] sowie Michael Taylor mit *Community, Anarchy, and Liberty*[187] zu nennen. Andere wichtige Beiträge am Anfang der betreffenden Diskussion stammen von Michael Walzer[188], Benjamin R. Barber[189] und Charles Taylor[190].

Im Unterschied zur liberalistischen Auffassung entwickelt sich der Mensch nach dem Verständnis der Kommunitarier allererst auf dem Boden der Gemeinschaft zur Person. Mit Blick auf Sandel schreibt Walter Reese-Schäfer hierzu: »Die Bindungen, von denen Sandel ausgeht, sind nicht bloß solche der freiwilligen Kooperation, sondern sie sind konstitutiv für die eigene Personwerdung und den eigenen Charakter.«[191] Demgemäß hält etwa Beate Rössler in ihrem kritischen Beitrag zum »problematischen Verhältnis von Feminismus und Kommunitarismus« fest: »Die Identitätstheorie besagt, daß sich eine gelungene Identität nur in einer Gemeinschaft im ›konstitutiven Sinne‹ (so der Kommunitarist Sandel) bilden kann.«[192] Für den Kommunitarier ergibt sich in der Folge sozusagen als ein oberstes Gebot die Forderung, sich um die moralisch-inhaltliche Ausrichtung der Sozietät zu bemühen, damit sich die Menschen überhaupt zu Personen entwickeln können. Wie Rössler ferner zu Recht herausstreicht, leiten die Kommunitarier mithin aus der bloßen Beschreibung, auf welche Art und Weise Menschen zu ihrer Identität gelangen bzw. auf welche Weise sie zu Personen werden, eine normative Lehre in Bezug auf die Gemeinschaft ab.[193]

Den Unterschied zwischen der liberalistischen und der kommunitaristischen politischen Ethik bringt Michael Sandel auf eine entsprechende Formel: Gegen den Liberalismus mit seiner Anschauung, »daß das Rechte gegenüber dem Guten den Vorrang hat«[194], behaupten die Kommunitarier den Primat des Guten. Axel Honneth stellt entsprechend fest: »Der Begriff der ›Gemeinschaft‹ steht hier zunächst nur für die allgemeine und vage Idee, daß sich die soziale Integration von Gesellschaften allein dann angemessen oder ›richtig‹ vollzieht, wenn deren Mitglieder statt bloß über Rechtsbeziehungen über die gemeinsame Orientierung an ethischen Werten aufeinander bezogen sind [...].«[195]

Auf die Teilhabe an einer gemeinsamen Werteordnung legen die Kommunitarier deshalb so viel Gewicht, weil einer der Ausgangspunkte der kommunitaristischen Überlegungen die Beobachtung sittlicher und sozialer Zerfallserscheinungen ist. So sieht etwa Alasdair MacIntyre seine Position des Neoaristotelismus vor allem als ein Rezept gegen jene Flurschäden im sozialen Bereich an, die der fortgeschrittene Individualismus angerichtet hat. »Was in diesem Stadium zählt, ist die Schaffung lokaler Formen von Gemeinschaft, in denen die Zivilisation und das intellektuelle und moralische Leben über das neue finstere Zeitalter hinaus aufrechterhalten werden können, das bereits über uns gekommen ist.«[196] Vorgeblich geht es den Kommunitariern also darum, durch die Restauration und Reformation der sozialen Welt, durch deren Parzellierung in kleine und mittlere Gemeinschaften die sozialen und humanitären Probleme zu lösen. Bei diesem »Rekurs auf die Idee sinnstiftender Gemeinschaften«[197] darf man aber nicht übersehen, dass hier – obwohl sich die Kommunitarier in Bezug auf die konkreten Normen als antiuniversalistisch verstehen[198] – in erster Linie einer spezifischen Universalisierung Vorschub geleistet werden soll: Es soll nämlich die politische Lebensform universalisiert bzw. verabsolutiert werden, wie sie bereits von Aristoteles als spezifisch menschliches Glück bestimmt worden ist. Ein Blick auf das Programm der Kommunitarier mag dies verdeutlichen.[199]

Die Verankerung der Mitglieder innerhalb der Gemeinschaft basiert nämlich auf der gegenseitigen Kontrolle; jeder soll darauf achten, dass der andere die Regeln einhält, und ihn im Falle eines Verstoßes bei der Ehre packen. Entsprechend formuliert der Kommunitarier Amitai Etzioni seinen kommunitaristischen Appell: Wir sollen »unserer Brüder und Schwestern Hüter [...] sein«[200]. Vergehen sollen öffentlich kundgemacht werden, damit sie Teil werden vom Bild des Menschen, der sie begangen hat. Nicht zuletzt unter diesem Aspekt ist denn auch der gegenwärtige Rückgriff auf die Prangerstrafen in den USA zu interpretieren. In ihrem eigenen Interesse müssen sich demnach alle bemühen, die Vorstellung, die sich die anderen von ihnen machen, möglichst positiv zu gestalten. Unter der Bedingung, dass die betreffende Gemeinschaft ihrer Größe nach überschaubar bleibt, werden auf diese Weise nach kommunitaristischer Auffassung alle Mitglieder in die Gemeinschaft moralisch eingebunden. Von daher bedeutet aber die kommunitaristische Zielvorstellung, ganze Staaten und Kontinente flächendeckend mit solchen Gemeinschaften zu überziehen, nichts anderes als ein Programm der Universalisierung bzw. der Verabsolutierung einer spezifischen, neoaristotelischen politischen Lebensform.

Der kommunitaristische Versuch, eine bestimmte politische Lebensform zu »verallgemeinern«, führt schließlich gewichtige Konsequenzen mit sich, wie der Einwand von Rössler zeigen mag: »Zunächst zum ersten Aspekt, der These, daß gemeinsame Werte gegenüber individuellen Rechten vorrangig seien. Diese Idee läßt sich in einem starken Sinne interpretieren (wie etwa von Autoren wie MacIntyre und Sandel nahegelegt wird), so daß gemeinschaftskonstituierende Wertbindungen an die Stelle von Rechtsbeziehungen treten: Und eben hier wird bei genauerem Hinsehen die Sache aus feministischer Sicht problematisch.«[201] Die Herstellung von Gemeinschaften bildet nämlich nach den Kommunitariern keine Creatio ex nihilo, sondern basiert zunächst auf der Restauration der traditionellen Werte und Tugenden innerhalb der Mikrogemeinschaften. So steht zum Beispiel in Etzionis Programm geschrieben: »Wer Kinder in die Welt setzt, hat die moralische Verpflichtung, nicht nur ihre materiellen Bedürfnisse zu befriedigen, sondern auch für ihre moralische Erziehung und Charakterbildung zu sorgen. Die moralische Erziehung kann man nicht an Babysitter und auch nicht an Kindertagesstätten delegieren.«[202] Das konservative Verhältnis zu den überkommenen Tugenden, wie es schon Aristoteles vertritt und es die Kommunitarier nun von neuem pflegen, lässt bei solchen Formulierungen – trotz gegenteiliger Beteuerungen – für die Gleichberechtigung von Frauen und Männern nicht viel Gutes erwarten. Aus entsprechenden Überlegungen kommt Rössler zu dem Schluss: »[...] nur ein Insistieren auf der gegenüber gemeinsamen Werten überlegenen Autonomie und insbesondere der Sicherung dieser Idee durch ein entsprechendes Recht kann garantieren, daß nicht im Interesse der Gemeinschaft über das Leben einer Frau bestimmt werden kann.«[203] Durch die Verallgemeinerung bzw. die Verabsolutierung der politischen Lebensform scheinen die Menschen zwar eine Art sozialer Sicherheit und Geborgenheit zurückzuerhalten, dadurch würden sie jedoch gleichzeitig zumindest ein gutes Stück ihrer Freiheit verlieren, das der Liberalismus seinerseits unter allen Umständen zu schützen sucht.

Die Rechtsethik und die so genannte Institutionsaporie

Die Rechtsethik ist an der Nahtstelle zweier Wissenschaften anzusiedeln: »Sie ist zum einen als Bereich der angewandten Ethik Teil der Ethik und damit der Philosophie. Zum anderen muß man sie als das normative Herzstück der Rechtsphilosophie ansehen, die als ein Grundlagenfach der Rechtswissenschaft daneben noch die Rechtstheorie und die deskriptiv-historische Rechtsphilosophie umfaßt.«[204] Als ethisches Teilgebiet bezieht sich der rechtsethische Diskurs direkt auf den politisch-ethischen Diskurs, wobei die Sozialethik die gemeinsame angewandt-ethische Oberdisziplin bildet.[205] Doch während sich die Sozialethik unmittelbar mit Moral beschäftigt, scheint im Zentrum der rechtsethischen Fachdiskussion zunächst das Recht zu stehen. Der Rechtsethik obliegt es denn, Rechtsentwürfe auf ihre Moralität hin zu überprüfen bzw. die Rechtsnormen ethisch zu rechtfertigen. Dabei müssen nicht nur die Inhalte positiv-rechtlicher Normen diskutiert, sondern auch – wie zum Beispiel im Bereich der Sexualität – die Grenzen der Zuständigkeit des Rechts definiert werden. Aus diesem Grunde drängt sich die Frage nach dem Verhältnis von Recht und Moral auf.

Eine Auffassung, die sich im Bereich des Common Sense hartnäckig hält, geht davon aus, dass das Recht so etwas wie die Minimalmoral darstellt. Sie zeigt sich einerseits etwa darin, dass sich viele Menschen so lange frei von moralischer Schuld wähnen, wie ihre betreffende Handlung nicht mit dem Gesetz konfligiert. Andererseits manifestiert sich die Annahme einer gewissen Koinzidenz von Recht und Moral gelegentlich auch in der Empörung über irgendein aus moralischer Sicht viel zu mildes Gerichtsurteil. In seinem Aufsatz *Moral und Recht* versucht Günther Patzig zunächst deutlich zu machen, weshalb die These nicht haltbar ist, das Recht stelle die Minimalmoral dar. »Wir kennen [...] strafrechtliche Normen, mit denen keine moralische Normierung einhergeht. Auch betrachtet das Strafrecht Verhaltensweisen mit Gleichgültigkeit, die wir moralisch scharf verurteilen. Jeder kennt genügend Beispiele davon, wie – streng innerhalb der Legalität – Menschen einander das Leben zur Hölle machen können. Da wird Vertrauen untergraben, da werden Versprechen, auf die jemand seinen Lebensplan gegründet hatte, plötzlich als nichtig behandelt.«[206] Bei aller Verschränktheit von Recht und Moral muss es offenbar wesentliche Unterschiede zwischen den beiden Normensystemen geben.

Nach Patzig gibt es insgesamt fünf verschiedene Arten von Regeln, durch die menschliches Verhalten normiert wird[207]: Spielregeln, technische Regeln, Regeln der Konvention, Rechtsregeln und moralische Regeln. Spielregeln und technische Regeln, beispielsweise die Imperative einer Gebrauchsanweisung, wenden sich nur an diejenigen Personen, die das betreffende Spiel spielen oder das betreffende Gerät gebrauchen wollen. Die anderen drei Regelarten gelten allgemein für menschliches Verhalten, wobei eine Verletzung der Konvention eher verziehen wird als ein Verstoß gegen Moral und Recht. Der konkrete Unterschied nun zwischen Recht und Moral besteht erstens darin, dass ich mich über die Normen des Rechts jederzeit informieren kann, was im Bereich der Moral um einiges schwieriger und nur bedingt sinnvoll sein dürfte. So kann ich in die nächste Buchhandlung gehen und mir jedes Gesetz besorgen, das ich konsultieren möchte: »Rechtssatzungen sind etwas Positives und Dokumentierbares.«[208] Ein entsprechendes Buch mit den geltenden moralischen Normen könnte sich jedoch in normativer Hinsicht höchstens an jemanden mit einem autoritären Gewissen wenden.

Zweitens herrscht im Bereich des Rechts im Unterschied zur Moral jederzeit relative Klarheit darüber, welche Rechtsnormen zum gegenwärtigen Zeitpunkt gelten und welche nicht mehr oder noch nicht. »Die Positivität der Rechtsnormen kommt auch darin zum Ausdruck, daß Normen von einem bestimmten Tag an in Kraft treten, andere Normen mit Wirkung eines bestimmten Tages abgeschafft werden können. [...] Eine entsprechende Terminierung wäre bei moralischen Regeln unsinnig.«[209] Eine wesentliche Differenz zwischen Recht und Moral besteht drittens darin, dass von einer Rechtsverletzung nur dort gesprochen werden kann, wo man über Beweise verfügt, d.h., wo der Verstoß äußerlich feststellbar ist. Moralische Vergehen können sich dagegen auch in einem Akt verwerflicher Gesinnung erschöpfen, ohne dass der Sachverhalt je für Dritte manifest wird. Patzig schreibt hierzu: »Ein weiterer Unterschied zwischen Rechtsregel und moralischer Norm liegt darin, daß Rechtsregeln sich vor allem auf das äußere Verhalten der Menschen beziehen und keine Gesinnung vorschreiben. Ob jemand zähneknirschend seine Steuern zahlt oder mit Freuden, weil er an den wichtigen Aufgaben des Staates gern wenigstens finanziell mitwirkt, ist für die rechtliche Beurteilung seiner Handlungsweise gleichgültig. Die moralische Beurteilung hat es zwar nicht bloß mit der Gesinnung, wie oft zu Unrecht gemeint wird, aber doch eben auch mit der Gesinnung, die hinter einer Handlungsweise steht, zu tun.«[210] Viertens verfügen Recht und Moral über äußerst unterschiedliche Mittel, um die jeweiligen Normen durchzusetzen. »Rechtsnormen sind einklagbar und erzwingbar; bei moralischen Regeln können als Sanktion nur Ermahnung, Mißbilligung und schließlich Abbruch des Umgangs auftreten.«[211] Hinter diesen vier Unterscheidungsmerkmalen verbergen sich einige grundlegende Schwierigkeiten, mit denen es die Rechtsethik als angewandte Ethik zu tun hat.

Die angewandt-ethischen Diskurse werden nicht in einem normativ unstrukturierten Raum geführt, praktische Vernünftigkeit trifft immer schon auf bestehende Institutionen und normierende Strukturen oder Normensysteme. Von daher ergibt sich »die Frage, wie sich die praktische Vernunft zu den Forderungen verhalten soll, die im Namen von Institutionen dem Handelnden gegenüber erhoben werden«[212]. Dass die angewandte Ethik dabei in eine Art Aporie oder zumindest in fundamentale Schwierigkeiten gerät, wird im rechtsethischen Bereich besonders deutlich. Aufgrund des Anspruches, menschliches Verhalten insgesamt mit unbedingten Maßstäben zu konfrontieren, sucht die normative Ethik auch das von Menschen entworfene Recht auf seine Moralität hin zu prüfen und zu kritisieren. Die spezifische Aufgabe der Rechtsethik besteht sodann darin, festzustellen, welche Rechtssatzungen und welche rechtlichen Institutionen mit dem Gedanken der Gerechtigkeit korrespondieren und welche nicht: Die Rechtsethik sieht sich selbst mithin in der Rolle einer Kontrolleurin und Begründerin des Rechts. Als Teil des ethischen Vernunftunternehmens vermag die Rechtsethik indessen auch nur soweit erfolgreich zu arbeiten, wie sie durch die betreffenden Institutionen darin unterstützt wird, Moralität zu realisieren. Wolfgang Wieland spricht in dem Zusammenhang von einer »Institutionsaporie«, in die sich die angewandte Ethik im Allgemeinen und die Rechtsethik im Speziellen notwendigerweise verstricken müssen. »Die Institutionsaporie [...] ergibt sich deswegen, weil die praktische Vernunft nicht umhin kann, ihren normativen Anspruch auch auf die Welt der Institutionen zu erstrecken, und gerade dabei zugleich erfahren muß, wie sehr sie von dieser Welt abhängig und wie sehr sie zur Sicherung ihrer eigenen Existenz auf sie angewiesen bleibt.«[213]

Die Institutionen des Rechts sind im Laufe der Zeiten gewachsen und führen von daher Momente mit sich, die nicht restlos mit der angestrebten Vernünftigkeit im Einklang stehen. Die Rechtsethik als Vertreterin praktischer Vernünftigkeit sieht sich in der Lage, sich mit Institutionen zu arrangieren, denen es nicht in erster Linie um praktische Vernünftigkeit geht. »Auch wenn sie als Vernunft die Existenz von Institutionen fordert, so kann sie doch niemals garantieren, daß diese Institutionen in sich vernünftig sind. Sie kann die Institutionen niemals daran hindern, gemäß dem ihnen eingeprägten Gesetz ihr Eigenleben zu führen.«[214] Nach Wieland zeigt sich die Institutionsaporie besonders deutlich am Beispiel des Widerstandsrechts. Wer moralisch handeln möchte, darf sich nicht an Gesetze halten, die aus seiner Sicht Unmoralisches von ihm verlangen. Das Recht kann aber nicht funktionieren, wenn jeder sich nur dann an entsprechende Rechtsnormen hält, wenn er sich mit ihnen einverstanden erklären kann. »Wer das Individuum mit der Befugnis ausstattet, über die Verbindlichkeit einer jeden im Namen der institutionellen Ordnung erhobenen Forderung letztgültig zu befinden, verzichtet damit zugleich auf die Bedingungen, unter denen eine solche Ordnung allein funktionsfähig sein kann.«[215] Und die Moral ist – nicht zuletzt mangels eigener umfassender Sanktions- und Durchsetzungsmöglichkeiten – auf ein funktionierendes Rechtssystem angewiesen. Natürlich zieht das Recht selbst seine Akzeptanz und Durchsetzungskraft zunehmend daraus, dass diejenigen, die sich an das Recht halten sollen, die Vernünftigkeit des Rechts einzusehen vermögen.[216] Gleichwohl kann der Fall eintreten, dass das positive Recht die Gerechtigkeit verletzt und gar moralisches Unrecht wäre. Wie etwa die Auseinandersetzung um die Mauerschützen aus der ehemaligen DDR einmal mehr deutlich gemacht hat, verlangt dann nicht nur die Moral, sondern auch ein übergeordnetes Menschenrecht von ihnen, sich nicht an das geltende »Recht« zu halten bzw. ihren das »Recht« vertretenden Befehlshabern nicht zu gehorchen.[217] Einerseits soll ich mich also am unbedingten Anspruch der Moral orientieren, der gegebenenfalls dem Recht widerspricht. Andererseits soll ich dem Recht aus moralischen Gründen und Interessen folgen. Und schließlich trage ich die moralische Verantwortung, wenn ich mich einem Unrecht nicht widersetzt habe ... Analoge Institutionsaporien ergeben sich für die angewandte Ethik im Bereich des institutionellen Handelns, wo eine Ethikkommission allenfalls Normen für mein Handeln festsetzt, die ich aus meiner persönlichen ethischen Überzeugung nicht teilen kann. Dennoch kann das Anliegen angewandter Ethik kaum ohne solche Ethikkommissionen umgesetzt werden.

Die Wirtschaftsethik oder das intensive Moment der Moral

Dem Unternehmen einer Wirtschaftsethik steht zunächst das hartnäckige Missverständnis entgegen, die Wirtschaft bzw. der Markt funktioniere nach Gesetzen, die sich – analog zu den Naturgesetzen – der freiheitlichen Bestimmung durch den Menschen entziehen. Auch wenn der Markt eine gewisse Eigendynamik zu entwickeln vermag, bleibt er ein Werk des Menschen. Die Wirtschaftsethik vertritt hierbei die Sache der sozialen Gerechtigkeit und reflektiert erstens die ökonomischen Grundkonzepte, zweitens das Verhalten der Unternehmer, drittens den Umgang der Mitarbeitenden innerhalb eines Wirtschaftsunternehmens und viertens das Verhältnis der Unternehmen zu ihren Kunden im Kontext des Marketings, aber auch das Verhalten der Konsumentinnen und Konsumenten. Entsprechend teilen etwa Walther Ch. Zimmerli und Michael Aßländer die »wirtschaftsethischen Ansätze nach Makro-, Meso- und Mikroebene«[218] ein.

Die Wirtschaftsethik repräsentiert eine Subdisziplin der Sozialethik, und deshalb stehen im Bereich der Wirtschaftsethik auch vor allem Fragen der Gerechtigkeit, insbesondere der Verteilungsgerechtigkeit im Vordergrund: Wer hat einen gerechten Anspruch auf die Profite, die lokale, nationale und globale Unternehmen abwerfen, und in welchem Maß? Solche Fragen beziehen sich primär auf das extensive Moment der Moral, das den Einbezug der jeweils anderen Menschen verfolgt. Dennoch lässt sich am Beispiel der Ökonomie bzw. der ökonomischen Vernunft besonders gut entfalten, was es mit dem intensiven Moment der Moral auf sich hat und inwiefern angewandte Ethik immer auch dieses Moment betrifft.

Wenn es in unserer heutigen Lebenswelt bei irgendwelchen Projekten um konkrete Überlegungen geht, haben wir es vornehmlich mit der ökonomischen Vernunft zu tun. Darunter ist jene Art der Vernunft zu verstehen, die sich in Nützlichkeitserwägungen erschöpft und dabei vor allem darauf zielt, möglichst viel Geld zu verdienen oder zu sparen, also auf Profitmaximierung. Die These über die Vorherrschaft der ökonomischen Vernunft soll hier kurz am Beispiel der Entstehung sowie des Umgangs mit den Gefahren des Rinderwahnsinns erhärtet werden.

Seit im Jahre 1986 in England eine neue Rinderkrankheit festgestellt worden ist – die Bovine Spongiforme Enzephalopathie, kurz BSE oder Rinderwahnsinn genannt – und seit der Verdacht aufgekommen ist, diese Krankheit könne sich in Form der bereits früher bekannten Creutzfeldt-Jakob-Krankheit auf den Menschen übertragen, geht in den europäischen Küchen und Essstuben die Angst um.[219] Nach dem heutigen Erkenntnisstand scheint BSE eine Variante der Scrapie-Krankheit zu bilden, die man bei Schafen schon seit einigen Jahrhunderten kennt. Durch das Verfüttern von aus Schlachthofabfällen hergestelltem Tierkörpermehl an Rinder wurde die Scrapie-Krankheit vermutlich in veränderter Form auf das Rind und letztlich über das Rindfleisch gegebenenfalls auf den Menschen übertragen – etwas wirklich Genaues weiß man, was den Menschen betrifft, aufgrund einer angenommenen Inkubationszeit von bis zu dreißig Jahren allerdings noch nicht. Tatsache ist jedenfalls, dass zunächst ein vegetarischer Wiederkäuer vollkommen ohne Not zu einem Abfall beseitigenden »Fleischfresser« umfunktioniert und dabei die für den Menschen entstehende Gefahr in keiner Weise vorausgeahnt oder bedacht wurde. Die Zeitschrift *prüf mit* des Konsumentinnenforums kommentierte diesen Sachverhalt in einem treffenden Artikel mit der zynisch-makabren Formulierung: »Irrsinn löste Wahnsinn aus.«[220]

Drei Momente im Zusammenhang mit dem Rinderwahnsinn mögen illustrieren, dass unsere Entscheidungen prinzipiell von den Erwägungen einer so genannten ökonomischen Vernunft bestimmt werden. 1. Nicht das Bedenken der möglichen Gefahren für die Gesundheit der Menschen und auch nicht irgendwelche Reflexionen über das Wesen der Rinder standen im Vordergrund bei der damaligen Entscheidung, Tierkörpermehl an Rinder zu verfüttern, sondern der Gedanke an die Gewinn bringende Verwertung, an die nutzbringende Entsorgung von Abfällen machte das Kriterium für jene Entscheidung aus. 2. 1988, zwei Jahre nach den ersten BSE-Fällen, wurde in England ein Verfütterungsverbot für Tiermehl verfügt. Auch in der Schweiz hat man reagiert: 1988 wurde ein Importverbot und 1990 ein entsprechendes Verfütterungsverbot ausgesprochen. Interessant scheint mir diese zeitliche Differenz zwischen dem Import- und dem Verfütterungsverbot für Tiermehlfutter zu sein. Aus ökonomischen Gründen ließ man den Landwirten zwei Jahre Zeit, um ihre Vorräte noch aufzubrauchen. 3. Die Dachorganisation der britischen Gemeindeschulküchen nahm gegen Ende des Jahres 1995 in ganz England das Rindfleisch von den Speiseplänen; gleichzeitig bemühten sich jedoch die zuständigen Regierungsvertreter, durch entsprechende Werbeauftritte die Unbedenklichkeit des Rindfleischgenusses zu propagieren, obwohl einige

Wissenschaftler zu diesem Zeitpunkt erstmals fundierte Zweifel an der Ungefährlichkeit des BSE-verseuchten Rindfleisches vorbrachten. Im März 1996 wurde die britische Regierung dann durch die Berichte einiger Ärzte und Wissenschaftler aufgeschreckt, die einen neuen Typus der Creutzfeldt-Jakob-Krankheit entdeckt hatten. An dieser Krankheit starben nämlich – entgegen den bisherigen medizinischen Erfahrungen – nun auch ein paar ganz junge Menschen nach einer Inkubationszeit von höchstens zehn Jahren, weshalb die Ärzte und Wissenschaftler annahmen, dass jene neue Form der Creutzfeldt-Jakob-Krankheit in einem Zusammenhang mit dem Verzehr von BSE-Fleisch stehen könnte. Die britische Regierung erwog daraufhin gar die Abschlachtung von sämtlichen elf Millionen in Grossbritannien lebenden Rindern; zur gleichen Zeit kämpften die britischen Diplomaten in Brüssel gegen das von den EU-Ländern verhängte Importverbot für britisches Rindfleisch: Offenbar räumt die Regierung den finanziellen Interessen der entsprechenden Industrie eine gewisse Priorität ein.

Insgesamt ging es folglich in entscheidenden Momenten darum, eher Geld zu verdienen oder das investierte Geld und den angestrebten Gewinn zu retten als die Menschen zu schützen. Diese Geschichte mag veranschaulichen, inwiefern tatsächlich die meisten Entscheidungen in unserer industrialisierten Lebenswelt – und zwar nicht nur die politischen, sondern auch die privaten (!) – von einer als ökonomisch zu bezeichnenden Vernunft inspiriert werden, die im größtmöglichen Erwerb von Geld und Besitz den Maßstab richtigen Handelns und damit in gewisser Weise das höchste Lebensziel der Menschen sieht.

Das ursprüngliche Anliegen der ökonomischen Vernunft bildet nach Eduard Spranger der Versuch, sich einen gewissen Freiraum gegenüber den Ansprüchen der eigenen Sinnlichkeit, gegenüber dem »unablässigen Druck der Bedürfnisse«[221] zu verschaffen. In unserer ökonomisch organisierten Lebenswelt bemessen sich dabei die Möglichkeiten zur Befriedigung der eigenen Bedürfnisse insgesamt nach den finanziellen Mitteln, die jemandem zur Verfügung stehen. Von daher scheint zunächst das bewusste Streben der ökonomischen Vernunft nach Gelderwerb auch vollständig erklärbar zu sein.

Das Geld stellt aber nicht nur den Garanten der Bedürfnisbefriedigung dar, sondern darüber hinaus bietet es eine bestimmte Sicherheit im Überlebenskampf. Nachvollziehbar wird dies in unserer Zeit zum Beispiel im Kontext des Gesundheitswesens: Entsprechend der Finanzkraft der Industrienationen ist die medizinische Versorgung für deren Einwohner unvergleichlich besser als für die Menschen in den Ländern der so genannten Dritten Welt. Die finanziellen Möglichkeiten eines Landes werden so zum Index für die Menge all jener Mittel, die am Ende dem Überleben ihrer Bewohner nützen. Im Bereich des ökonomischen Denkens gilt schließlich: »Alles wird [...] zu Mitteln der Lebenserhaltung, des naturhaften Kampfes ums Dasein und der angenehmen Lebensgestaltung.«[222] Wenn ich Geld besitze, weiß ich, dass ich gegenüber meinen Bedürfnissen und gegenüber den möglichen Widerfahrnissen des Lebens eine gewisse Reserve habe. Von diesem Gesichtspunkt aus spielt Geld folglich in erster Linie die Rolle eines Mittels zum Zwecke der Selbsterhaltung und der Bedürfnisbefriedigung.

Zwei Dinge sind in diesem Kontext für das bessere Verständnis der ökonomischen Vernunft von Bedeutung. 1. Der Mensch ist gleichzeitig ein sinnliches und ein zur Vernunft fähiges Wesen oder – wie Immanuel Kant es pointiert formuliert – ein »mit Vernunftfähigkeit begabtes Thier (animal rationabile)«, das »aus sich selbst ein vernünftiges Thier (animal rationale) machen kann«[223]. Insofern der Mensch ein Sinnenwesen darstellt, liegt seiner Selbsterhaltung und der Befriedigung seiner Grundbedürfnisse niemals eine bewusste Entscheidung zugrunde. Sowohl das Streben nach Selbsterhaltung als auch dasjenige nach Bedürfnisbefriedigung gehören zur unmittelbaren, natürlich-sinnlichen Grundausstattung des Menschen. 2. Als Instrument im Kampf um Bedürfnisbefriedigung und Selbsterhaltung ist die ökonomische Vernunft, wie die Errungenschaften unserer hoch technisierten Lebenswelt belegen, ein für den Menschen äußerst effizientes Vermögen. Die ökonomische Vernunft scheint demnach ganz im Dienste der menschlichen Natur zu stehen.

Als ein Vernunftwesen aber vermag sich der Mensch daneben auch in ein Verhältnis zu seiner eigenen Natur zu setzen und sich in extremen Situationen gar gegen die eigene Selbsterhaltung zu entscheiden. Zu seinen vernünftigen Interessen gehört für den Menschen schließlich – über die Lust der augenblicklichen Bedürfnisbefriedigung hinaus –, ein umfassenderes Sinn- oder Glückskonzept vor Augen zu haben. Wie das Beispiel der Entstehung und des Umgangs mit den Gefahren des Rinderwahnsinns zeigt, stellt die Profitmaximierung resp. der größtmögliche Gelderwerb in unserer Lebenswelt inzwischen nicht mehr bloß ein Mittel zur Selbsterhaltung und Bedürfnisbefriedigung dar, sondern repräsentiert vielmehr den unbedingten Maßstab des richtigen Handelns. Von daher scheinen Geld und Besitz den eigentlichen Angelpunkt in den vernünftigen Sinn- und Glückskonzepten der Menschen, den obersten Zweck in ihrem Leben auszumachen. Während der Mensch sich als ein Sinnenwesen indessen nicht bewusst für seine Selbsterhaltung und für die Befriedigung seiner Grundbedürfnisse entscheidet, sondern mittels seiner ökonomischen Vernunft lediglich die dazu notwendigen Mittel auszuwählen vermag, muss er hingegen den Erwerb von Geld und Besitz im Sinne eines obersten Zweckes ganz bewusst zu seinem Lebensziel machen. Denn Zwecke werden von der Vernunft nicht einfach vorgefunden, sie sind Gegenstand einer ausdrücklichen Setzung, d.h., man muss sich allererst für sie entscheiden, damit sie in einem eigentlichen Sinne als solche fungieren können.

Eine entsprechende Entscheidung hat aus der Sicht der ökonomisch denkenden Menschen aber nicht stattgefunden, jedenfalls scheint ihnen die Erhebung des Geldes vom bloßen Mittel im Dienste der Sinnlichkeit in den Stand eines vernünftigen Selbstzweckes vollständig entgangen zu sein. Die Menschen in unserer ökonomisch strukturierten Lebenswelt gehen nach wie vor davon aus, dass der Gelderwerb wie die Selbsterhaltung ein gewissermaßen durch die Natur vorgegebenes Ziel darstellt, was sich etwa darin zeigt, dass sie durchgehend mit dem Begriff des Sachzwanges argumentieren: Es ist keineswegs der ökonomisch denkende Mensch selbst, der die Entlassung von soundso vielen Mitarbeitenden oder die Einstellung einer beliebten Dienstleistung oder die Aufgabe einer sinnvollen, aber unprofitablen kulturellen Unternehmung beschließt, es ist immer irgendeine äußere Sache, die zu solchen Entscheidungen nötigt. Zur Rede von den Sachzwängen passt des Weiteren, dass in politischen Fernsehdiskussionen prinzipiell der Sachverständige und nur selten der Bürger zu Wort kommt – der Sachverständige, der die Illusion vermittelt, man müsse eine Sache nur genau genug analysieren, dann entscheide die Sache für sich. Als zur Vernunft fähige Wesen sind wir aber nicht die Opfer von Sachzwängen, wir sind vielmehr allemal diejenigen, die im Bereich der menschlichen Angelegenheiten selbst entscheiden könnten; ansonsten machte es auch überhaupt keinen Sinn, uns sowohl im politischen als auch im privaten Handlungsraum auf unsere Freiheit zu berufen.

Die in der heutigen ökonomischen Lebenswelt gängige Sprechweise von Sachzwängen kaschiert mithin vollkommen, dass eben auch der ökonomischen Vernunft eine menschliche Grundwahl vorausgeht: die Entscheidung nämlich, sein eigenes Leben nach Geld und Besitz auszurichten. Während diese Entscheidung immer mehr aus dem Blick gerät, werden in zunehmendem Maße so genannte Sachzwänge, d.h. ökonomische Gegebenheiten geschaffen, die im Weiteren als *die* Realität ausgegeben werden. Die ökonomische Vernunft orientiert sich am Geld, ohne zu wissen, dass es sich dabei nicht um eine menschliche Realität, sondern um eine menschliche Idee in der Bedeutung eines Glücks- oder Sinnkonzeptes handelt – eine Idee, die allererst eine spezifische Realität erzeugt.

Die Selbsttäuschung der ökonomischen Vernunft, die unbedingt auf Geld und – betrachtet man die damit verknüpften ökologischen Probleme – nur noch bedingt auf Lebenssicherung zielt, über die ihrem Sinn stiftenden Ziel zugrunde liegende Wahl bzw. Entscheidung hängt gemäß Max Horkheimer mit einer Reduktion der instrumentellen oder ökonomischen Vernunft auf »das abstrakte Funktionieren des Denkmechanismus«[224] zusammen. Die ökonomische Vernunft enthält sich weitgehend aller Aussagen, in denen es nicht um Nützlichkeitsüberlegungen geht; für die inhaltliche Bestimmung und Wahl des Zieles erachtet sie sich als nicht zuständig. »Diese Art von Vernunft kann subjektive Vernunft genannt werden. Sie hat es wesentlich mit Mitteln und Zwecken zu tun, mit der Angemessenheit von Verfahrensweisen an Ziele, die mehr oder minder hingenommen werden und sich vermeintlich von selbst verstehen. Sie legt der Frage wenig Bedeutung bei, ob die Ziele als solche vernünftig sind. Befaßt sie sich überhaupt mit Zwecken, dann hält sie es für ausgemacht [...], daß sie dem Interesse des Subjekts im Hinblick auf seine Selbsterhaltung dienen [...].«[225] Zwei miteinander zusammenhängende Momente kennzeichnen folglich nach Horkheimer die instrumentelle oder ökonomische Vernunft: ihre Selbstbeschränkung auf die Reflexion des Mittel-Ziel-Verhältnisses und ihre stillschweigende, irrtümliche Identifizierung der Lebenssicherung bzw. der Selbsterhaltung als des alleinigen und von der Natur vorgegebenen Zwecks menschlichen Tuns. Die ökonomische qua instrumentelle oder subjektive Vernunft repräsentiert eine Form der lediglich methodisch gebrauchten[226] und nicht der grundlegend zweckbestimmenden Vernunft.

Die ökonomische Vernunft ist sich folglich weder darüber im Klaren, dass dem von ihr angestrebten Ziel eine Wahl zugrunde liegt, noch verfügt sie als solche über die Möglichkeit, »zu bestimmen, ob irgendein Ziel an sich wünschenswert ist«[227]. In unserer ökonomisch strukturierten Lebenswelt findet darum auch kaum mehr eine rationale Diskussion, eine substanzielle Erörterung der menschlichen Ziele und Zwecke statt. Soweit die Vernunft heute ganz allgemein mit der ökonomischen Vernunft identifiziert und auf sie reduziert wird, kommt es auf der Ebene des Bewusstseins zu einem Orientierungsvakuum.

Weil aber Geld – selbst dort, wo es den kaschierten Lebenszweck darstellt – seinen Charakter als Mittel niemals negieren kann, gehört zur ökonomisch organisierten Lebenswelt die latente Sinnkrise: In dem Moment, wo der ökonomische Mensch sein Überleben soweit wie überhaupt möglich gesichert weiß und seine wesentlichen Bedürfnisse befriedigt sind, muss diese Sinnkrise ausbrechen. Denn wo Reichtum tatsächlich erreicht worden ist, verliert das Geld seine Funktion im Daseinskampf und repräsentiert nichts weiter als einen Überschuss an Potenz. Das vorgebliche Sinnkonzept der ökonomischen Vernunft befriedigt lediglich diejenigen Menschen, die nichts oder nur wenig besitzen. Der Reichtum als Lebensziel garantiert so eigentlich keinen Lebenssinn, sondern bildet bloß eine Ausgangslage im Leben, von der aus sich die Frage nach dem Sinn des Lebens unabweisbar stellt. Zwar erweist sich diese Frage für denjenigen, der um sein Überleben kämpft, als ein Luxus, wie Primo Levi in seinen

Aufzeichnungen über die Zeit seiner Gefangenschaft im Vernichtungslager Auschwitz schreibt: »Der Glaube an den Sinn des Lebens ist in jeder Faser des Menschen verwurzelt, ist ein Wesenszug der menschlichen Natur. Die Menschen in der Freiheit geben diesem Sinn viele Namen, so manche grübeln und debattieren auch darüber. Für uns liegt das Problem einfacher. Heute und hier besteht der Sinn darin, das Frühjahr zu erleben. Ein anderes Ziel gibt es jetzt nicht für uns.«[228] Für denjenigen indessen, der sein Überleben gesichert hat, wird die Frage nach dem Sinn zum Problem. Denn bloßes Leben stellt keinen vernünftigen Selbstzweck dar; für den Menschen als ein Vernunftwesen ergibt sich unweigerlich die Frage nach dem Wozu dieses Lebens. Zu einer betreffenden Diskussion und Erörterung vermag die ökonomische Vernunft ihrerseits allerdings nichts beizutragen.

Auf die Frage nach dem Wozu hält die Moral im Horizont ihres intensiven Momentes stets eine implizite Antwort bereit. Die unbedingte Gültigkeit moralischer Normen verweist auf etwas, was unbedingt realisiert werden soll, und damit auf eine für alle Menschen gültige letzte Zielorientierung. Die potente Ökonomie und ökonomische Vernunft auf die unbedingt humane Zielsetzung einzuschwören ist schließlich u.a. die Aufgabe der Wirtschaftsethik. Dazu muss sie der vermeintlichen Selbstzweckhaftigkeit der Ökonomie mit Konzepten begegnen, die sie in den Gesamtzusammenhang menschlicher Kultur integrieren, wie dies zum Beispiel Peter Ulrich mit seiner *Integrativen Wirtschaftsethik* versucht.[229] »Aus dem Blickwinkel der Lebenswelt gibt es daher keine sinnvolle Alternative zur epochalen Herausforderung und Aufgabe, das Wirtschaften endlich in zeitgemäßer Weise als eine moderne Kulturform statt bloß als eine sachzwanghafte, eigensinnige, als solche hinzunehmende Systemlogik zu begreifen.«[230] Angewandte Ethik hat es insgesamt in allen ihren Bereichen damit zu tun, Handlungsgemeinschaften mit jenen Zielen zu vermitteln, die durch moralisches Sollen als unbedingt gute Ziele vorgegeben und im Moralprinzip als Letztorientierungen begriffen worden sind. Das Streben nach unbedingt guten Zielen, das durch die Einhaltung angewandt-ethischer Normen realisiert wird, beschreibt schließlich die Bewegung moralischer Intension.

Die Medienethik oder die gemeinsame reflektierende Urteilskraft

Die Medienethik wendet sich an alle, die mit der medialen Vermittlung von Informationen, Nachrichten oder Wissen zu tun haben. Nach dem Vorschlag von Klaus Wiegerling sind dabei fünf medienethische Teilbereiche zu unterscheiden: die Ethik der Journalistinnen und Journalisten, die Medienwirtschaftsethik, die Informationsethik, »die Wissenschaftsethik, insofern Wissenschaftler beständig mit der Präsentation, Bearbeitung und Verwendung von Informationen beschäftigt sind«[231], und schließlich »die pädagogische Ethik, insofern die Pädagogik permanent auf medialen Einsatz angewiesen ist, ja im weiteren Sinne sogar als eine mediale Kunst verstanden werden kann«[232]. Die Informationsethik nun denkt über jene moralischen Normen nach, die etwa vonseiten der Wissenschaft oder der Industrie einzuhalten sind, um der Pflicht nachzukommen, die Öffentlichkeit über Gefahren zu informieren, die mit spezifischen Weisen der Forschung und mit bestimmten Produkten oder deren Herstellungsverfahren verbunden sind. Zu den möglichen Subjekten einer Medienwirtschaftsethik gehören sämtliche Personen, die mediale Produkte vertreiben und verkaufen. Im Zentrum der Medienethik indessen dürften für die meisten von uns die Fragen einer journalistischen Ethik stehen.

Hierbei denken wir zuerst an die Berichterstattung über die Tagesgeschehnisse in Presse, Rundfunk und Fernsehen und vergessen ganz, dass die Mehrzahl heutiger journalistischer Produkte überhaupt nicht oder nicht mehr eindeutig der Berichterstattung zuzuordnen ist, sondern Unterhaltung bieten möchte. Aber sowohl die *Tagesthemen* als auch *Wetten dass...* sind als journalistische Erzeugnisse anzusehen. In Anlehnung an eine Differenzierung im Bereich der Musik schlägt Michael Haller vor, zwischen einem U- und einem E-Journalismus zu unterscheiden.[233] »Beim U-Journalismus handelt es sich um inszenierte Massenkommunikation, um eine mediale Veranstaltung; im Rundfunk ist sie oftmals nicht nur der Ort der Informationsproduktion, sondern selbst das Thema.«[234] Während dem U-Journalismus eine gewisse Selbstreferenzialität eignet – der Star der *Harald-Schmidt-Show* erzählt in *Wetten dass...* von seinen neuesten Projekten und der Moderator von *Wetten dass...* berichtet in der *Harald-Schmidt-Show* von seinen Plänen –, bezieht sich der E-Journalismus auf die so genannte objektive Welt außerhalb der Medien. »E-Journalismus steht [...] in einer vermittelnden Beziehung zur Welt, die sich unabhängig von massenmedialen Inszenierungen ereignet – sei es als faktizierbares Geschehen, sei es als Prozeß des Wandels, sei es in der Form von Artikulationen zu Geschehnissen und Prozessen.«[235] Eine Mischform scheint schließlich heute mit dem Begriff des Infotainments thematisiert zu sein.[236] Fernsehsendungen beispielsweise, denen nachgesagt wird, sie würden Infotainment bieten, möchten nicht einfach Informationen vermitteln, sie wollen gleichzeitig unterhalten. Da sich zwischen dem Ziel der Information und dem Ziel der Unterhaltung Konflikte ergeben können, sodass man sich zwischen diesen Zielen entscheiden muss, kann mit Infotainment jedoch keine eigentliche Mischform gemeint sein, sondern lediglich der Umstand, dass Information nicht unbedingt langweilig dargeboten zu werden braucht oder dass Unterhaltung auch informativ sein kann.

Die journalistische Ethik oder zumindest deren Diskussion hat in den letzten Jahrzehnten immer dann Konjunktur gehabt, wenn sich im Bereich des E-Journalismus Skandalöses zugetragen hat. In diesem Zusammenhang werden gern folgende Beispiele aufgezählt: die Veröffentlichung der gefälschten Hitler-Tagebücher durch den *Stern* im Jahre 1983, ohne deren Echtheit vorher seriös zu prüfen, der Sensationsjournalismus während des Geiseldramas von Gladbeck 1988, wo eine Schar von so genannten Berichterstattern durch ihre Anwesenheit und ihre Reportagen ins Geschehen eingriff, oder jenes Bild, das eine Schweizer Boulevardzeitung zwei Tage nach dem Attentat in Luxor im November 1997 veröffentlichte und auf dem eine Wasserpfütze mit Blut imitierendem Rot eingefärbt worden ist. Aus der Sicht der Konsumentinnen und Konsumenten haben die betreffenden Journalisten in allen diesen Fällen das Gebot der Objektivität verletzt – sei es, dass sie zu gutgläubig waren und leichtfertig auf Scharlatane hereinfielen, sei es, dass sie aus einem Mangel an Selbstkritik das objektive Geschehen beeinflusst haben, oder sei es, dass sie Bilder bewusst manipuliert haben. Trotz allem wird daneben dem journalistischen Wort, Bild und Film in der Regel nach wie vor ein immenses Vertrauen entgegengebracht – so lange jene die Wirklichkeit nur so abbilden, wie sie unabhängig von den Journalisten existiert.

Gerade in dieser vertrauensseligen Annahme liegt allerdings das Grundproblem. Entgegen dem naiven Vorurteil, die Realität lasse sich unmittelbar abbilden oder wiedergeben – ein Vorurteil, das Konsumenten und Journalisten in gleicher Weise pflegen –, erweist sich jede Berichterstattung als eine Art Konstruktion. Siegfried Weischenberg und Armin Scholl erhellen diesen Umstand unter zwei Aspekten: »Erstens repräsentieren Journalisten in ihren Aussagen nicht die Welt, sondern konstruieren Weltbilder; sie sind Beobachter (zweiter Ordnung), die Ergebnisse von Unterscheidungen präsentieren, die sie selbst gemacht haben.«[237] Journalisten, die in der Regel aus zweiter Hand berichten, müssen bei ihrer Arbeit laufend entscheiden, wen sie anhören wollen und wen nicht, wem sie Glauben schenken wollen und wem nicht, was von dem gefundenen oder durch die Agenturen gelieferten Material Eingang in den Bericht finden soll und was nicht etc. Je nachdem wie die Reihe dieser Entscheidungen ausfällt, entstehen Bilder einer vollkommen unterschiedlichen »Realität«. Analog zur verbalen Berichterstattung fängt beispielsweise auch der Fotoreporter nicht einfach die Wirklichkeit an sich im Bild ein; er konstruiert sie allererst durch die Wahl der Perspektive sowie vor allem im Rahmen der Bildgestaltung insgesamt. »Zweitens entscheidet letztlich der einzelne Journalist, in welcher Weise welchen Ereignissen welche Bedeutung zugewiesen wird. Dies bedeutet, daß sich Journalisten nicht hinter dem Begriff ›Objektivität‹ verstecken können.«[238] Journalisten entscheiden durch den Ort und den Raum, den sie einem Ereignis in ihrem Medium zugestehen, grundlegend darüber, was objektiv wichtig scheint – auch dies ist ein Moment der Konstruktion öffentlicher Realität. Wenn die Gesetzesverstöße bei der Parteienfinanzierung aufseiten des einen politischen Lagers weniger zentral und weniger ausgiebig behandelt würden als die gleichen Unregelmäßigkeiten des anderen politischen Lagers, entstünde der »objektive« Eindruck, die Vergehen der einen seien weniger schlimm als die der anderen. In expliziter Anlehnung an eine Unterscheidung des chilenischen Biologen Humberto R. Maturana halten Weischenberg und Scholl darum auch die Objektivität an sich und eine »Objektivität in Klammern« auseinander. »Objektivität in Klammern ist die relative Objektivität des Beobachters, der Wirklichkeit konstruiert [...]. Objektivität in Klammern ist die Objektivität des Journalisten.«[239] Die Objektivität an sich und ohne Klammern – und diese Einsicht ist nicht neu – ist für uns Menschen nicht nur auf dem journalistischen Feld unerreichbar.

Jede Beschreibung von Wirklichkeit, jeder Bericht erweist sich mithin als eine Konstruktion, die von einem ganz bestimmten persönlichen Standpunkt aus hergestellt wird bzw. einen intentionalen Schwerpunkt hat. Medienethik beginnt deshalb bei der Aufklärung des Vorurteils, es könne so etwas wie eine objektive, sachliche Berichterstattung geben. Von daher versucht die Medienethik angewandt-ethische Leitnormen zu entwerfen, die bei der Schaffung der betreffenden Konstruktionen, bei der vermeintlichen Wiedergabe der Wirklichkeit in Presse, Rundfunk und Fernsehen zu berücksichtigen sind. Hierbei muss wiederum bedacht werden, dass auch im Journalismus das individuelle Handeln und damit die individuelle Verantwortung zunehmend hinter dem institutionellen Handeln zurücktritt. »Auch Journalisten tragen [...] die Verantwortung für die Wirklichkeitsentwürfe, die sie anbieten. Diese Wirklichkeitsentwürfe werden freilich durch professionelle Regeln und Schemata geleitet, die von Journalisten im Laufe der beruflichen Sozialisation entwickelt und ›abgelegt‹ worden sind. Sie sind geprägt von den Strukturen der Medienbetriebe, in denen sie arbeiten; und sie werden von ökonomischen, politischen und technischen Bedingungen in erheblichem Maße beeinflußt.«[240] Mit Blick auf die realen Machtverhältnisse in den Medienbetrieben befürchten Pessimisten deshalb gar, dass für die Ethik dabei überhaupt kein Raum übrig bleibt außer dem Freiraum, der dem Narren zugestanden wird.[241]

An dieser Stelle soll nun aber mit Nachdruck noch auf einen anderen Aspekt aufmerksam gemacht werden: Mit den Wirklichkeitsentwürfen der Journalistinnen und Journalisten sind immer auch Intentionen und Ziele verbunden. Die Bandbreite journalistischer Ziele reicht allgemein von der Unterhaltung bis zur Aufklärung und Emanzipation der Klientel. Absichten und Ziele müssen verstanden werden. Auch Journalisten sind darauf angewiesen, dass man sie versteht, und wie bei jedem Verstehensprozess muss dabei jemand da sein, der verstehen will. Jeder Verstehensakt lässt sich mit dem Gebrauch einer Säge mit zwei Griffen vergleichen. Nur wenn beide beteiligten Seiten wechselweise stoßen und ziehen, kann mit diesem Werkzeug ein Stück Holz durchgesägt werden. In aller Regel glaubt der Konsument journalistischer Erzeugnisse jedoch, dass er zum Prozess der Information und Verständigung nichts beitragen muss. Dieser Irrtum ist umso fataler, je weiter sich die Informationsvermittlung von der verbalen Ebene auf eine bildliche Ebene verlagert. Wir haben es im Allgemeinen nicht gelernt, Bilder zu lesen und die kritische Übersicht darüber zu behalten, welche Möglichkeiten der Vermittlung von Gedanken und Gefühlen durch das Bild eröffnet werden. Im negativen Falle sind wir schutzlose Opfer jedes beliebigen Manipulationsversuchs. Im Medienzeitalter lebend, müssen wir als Rezipienten allererst medienfähig werden. Von daher bildet unter anderem die Einführung der Medienkunde im Unterrichtsplan der Schulen ein dringendes Anliegen. Die Konsequenz in unserem Zusammenhang muss allerdings noch eine umfassendere sein.

Ebenso wie sich etwa die Medizinethik sowohl an das medizinische Personal als auch an die Patienten wendet, betrifft eine Ethik des Journalismus niemals nur die Journalisten, sondern immer auch die Konsumenten. Vor dem Hintergrund unseres Wissens über die Schwierigkeiten menschlicher Kommunikation und über die Probleme der Interpretation und des Verstehens darf auch der Rezipient nicht mehr weiter auf seiner Rolle des Naiven beharren. Entsprechendes gilt im Übrigen für sämtliche Bereichsethiken. Im Kontext der Anwendung von Ethik kann nicht genug betont werden, dass auch die scheinbar nur passiv Beteiligten einen Teil der Verantwortung tragen: die Patienten, die Rezipienten, die Konsumenten etc. So ist denn journalistische Ethik eine Sache aller an der medialen Vermittlung von Informationen Beteiligten. Der Entwurf einer Ethik des Journalismus wird damit zu einer Angelegenheit einer gemeinsamen reflektierenden Urteilskraft, wie das Unternehmen weiter oben beschrieben worden ist. Der gemeinsame Reflexionsprozess im Bereich der Medienethik könnte sich an jenen Grundregeln der Urteilskraft qua gesunden Menschenverstandes orientieren, die Kant in seiner *Kritik der Urteilskraft* exkursartig entfaltet hat.[242]

Beim Entwurf einer angewandten Ethik wie dem einer journalistischen Ethik müssen erstens alle Beteiligten bereit sein, von ihren eigenen Vorurteilen – so weit dies überhaupt möglich ist – abzusehen, ihre Freiheit zu gebrauchen und selbst zu denken.[243] Zweitens gilt es im Sinne einer Erweiterung der eigenen Gesichtspunkte, »an der Stelle jedes andern [zu] denken«[244]. Im Bereich der angewandten Ethik ist damit nicht gemeint, dass sich nun alle in jeder Hinsicht eigene Kompetenzen aneignen müssen. Es geht allenfalls um die Erlangung einer relativen »›Intrapersonen-Interdisziplinarität‹: ein und dieselbe Person überschreitet ihre angestammten Kompetenzen und denkt schon für sich selbst interdisziplinär«[245]. In unserem Beispiel muss sich der Rezipient rudimentäre Kenntnisse darüber aneignen, unter welchen Produktionsbedingungen Journalisten arbeiten und welches die Eigentümlichkeiten und Möglichkeiten modernster Medien sind. Journalisten müssen dagegen von neuem lernen, dass es unterschiedliche Weisen gibt, Nachrichten, Berichte und Beiträge aufzufassen und zu verstehen. Das Unternehmen, eine angewandte Ethik zu entwerfen, kann drittens nur gelingen, wenn sich alle auch darum bemühen, »jederzeit mit sich selbst einstimmig [zu] denken«[246]. Diese Grundregel verlangt von der gemeinsamen Reflexion eine gewisse Konsequenz: Einsichten und Perspektiven, die einmal gewonnen worden sind, dürfen nicht wieder aus dem Blickfeld verdrängt werden; die Aufgabe besteht vielmehr darin, »unsern [gemeinsamen] Verstandesgebrauch zur durchgängigen Einhelligkeit, Vollständigkeit und synthetischen Einheit zu bringen«[247].

Insgesamt muss die gemeinsame reflektierende Urteilskraft bei ihren journalistisch-ethischen Entwürfen zunächst die Vielfalt der unterschiedlichen Ziele und gegenseitigen Erwartungen berücksichtigen, ferner den Bedingungen, Möglichkeiten und Grenzen sowohl der Produktion als auch der Rezeption Rechnung tragen und gleichzeitig die normativ-ethischen Vorgaben – in einer gewissen Bandbreite und mit Rücksicht auf die unaufhebbare Vielstimmigkeit – in die betreffenden Entwürfe einarbeiten.

Die Technikethik und die philosophische Begriffsarbeit

Menschliches Handeln besteht wesentlich aus zwei Momenten: Als Handelnder setze ich mir zum einen *Zwecke*, die ich zum anderen mit tauglichen *Mitteln* zu realisieren suche. In der Folge kann man dasjenige Handeln als zweckrational bezeichnen, bei dem Mittel gewählt werden, die sich für die Verwirklichung der gesetzten Zwecke besonders gut eignen.[248] Nach der gängigen Anschauung ist es die Technik, die die Mittel herstellt, mit denen vorgängig gesetzte Zwecke erreicht werden können. Die mit den Mitteln zu realisierenden Zwecke haben ihrerseits nichts mit der Technik zu tun. Als Gegenstand der Ethik werden dagegen die zu setzenden Zwecke und nicht die Mittel erachtet, sodass sich eine Ethik der Technik insgesamt zu erübrigen scheint.

Wenn ich allerdings ein Mittel herstelle, mit dem ein spezifischer Zweck erreicht werden kann, muss ich bis zu einem gewissen Grade damit einverstanden sein, dass dieser Zweck verwirklicht wird, und insofern auch ein Stück der Verantwortung tragen, wenn der betreffende Zweck tatsächlich realisiert ist. Dies ist aber lediglich der eine von zwei Gründen, weshalb eine Ethik der Technik notwendig wird.

Im Horizont des herkömmlichen Zweck-Mittel-Schemas wird leicht übersehen, dass die durch die Technik bereitgestellten Mittel immer für mehr zu gebrauchen sind als bloß für die Zwecke, auf die hin sie entworfen worden sind. »Ich bezeichne diejenige Potenz technischer Mittel, die über die reine Telosrealisation hinausgeht, als den spezifisch instrumentalen Charakter der Mittel oder deren Instrumentalität.«[249] Durch die Instrumentalität der Mittel eröffnet sich nach Johannes Rohbeck die Möglichkeit einer Umkehrung des Zweck-Mittel-Verhältnisses: »Vom zweckrationalen Handeln, das ja die Relation von Zweck und Mittel enthielt, ist jetzt eine Zweckrationalität zu unterscheiden, die im strengen Sinne Zweckwahl im Hinblick auf verfügbare Mittel bedeutet.«[250] Die überschießende Potenz modernster Technik bewirkt, dass wir zwar immer noch technische Mittel für vorgesetzte Zwecke entwickeln, dass wir uns aber gleichzeitig auch immer Zwecke ausdenken, für die jene Mittel ebenfalls zu gebrauchen sind. »Während eine isoliert betrachtete Handlung den Eindruck erweckt, daß in ihr ein vorgefaßter Zweck mit Hilfe dafür bereitgestellter Mittel lediglich realisiert wird, offenbart die Analyse eines sich über mehrere Reproduktionszyklen erstreckenden Prozesses, daß sich Zweck und Mittel wechselseitig bestimmen und daß vor allem die Mittel einen zielbestimmenden Einfluß ausüben. Sie repräsentieren in gegenständlicher Form die Möglichkeit zur Innovation und können dadurch den Ausgangspunkt einer eigenen Dynamik bilden.«[251] Den angesprochenen Vorgang möchte ich anhand eines Beispieles kurz illustrieren.

Um Personal in der Landwirtschaft einzusparen, hat eine amerikanische Firma kleine Sender entwickelt, die den Rindern mittels einer Manschette an einem der Hinterbeine befestigt werden können. Auf diese Weise lässt sich eine Viehherde ohne großen Aufwand überwachen.[252] Bei ihrer Suche nach einem neuen Absatzmarkt für ihre Sender ist die Firma auf die Idee gekommen, dass man diese Geräte auch Straftätern am Bein befestigen, sie unter Hausarrest stellen und auf diese Weise das Problem der überfüllten Gefängnisse lösen könnte. Der Zweck ist hier also entgegen jeder Vermutung erst in Bezug auf ein bereits bestehendes Mittel hin erfunden worden.

Wenn sich die Technik jedoch zu irgendwelchen Zwecken instrumentalisieren lässt, dann kommen die Techniker nicht umhin, ein Stück weit auch die Verantwortung für die mögliche Nutzung ihrer Produkte zu übernehmen. Technikethik beginnt somit bei der Einsicht, dass die technischen Innovationen – die Entwicklung des Personalcomputers wäre ein Beispiel – heute zunehmend neue Sach- und Handlungshorizonte eröffnen, die das Selbstverständnis und die Lebenswelt der Menschen grundlegend zu verändern vermögen, sodass die technikethische Reflexion die Schöpfung technischer Möglichkeiten zu begleiten hat. Wie die verschiedenen Ansätze in der Technikethik diese Aufgabe angehen wollen, soll hier nicht weiter verfolgt werden.[253] Im vorliegenden Zusammenhang soll vielmehr auf denjenigen Beitrag aufmerksam gemacht werden, den die Philosophie durch ihre Begriffsarbeit auf dem Feld der angewandten Ethik zu leisten vermag.

Einer der Begriffe, der im Zentrum der technikethischen Diskussion steht, ist der Begriff der Verantwortung. So gibt es entsprechende Normenkodizes, die primär an die Verantwortung des Technikers appellieren. In der *Ethik für Ingenieure/technische Wissenschaftler* der Schweizerischen Akademie der technischen Wissenschaften heißt es zum Beispiel: »Der Ingenieur/technische Wissenschaftler, die Ingenieurin/technische Wissenschaftlerin 1) trägt persönliche, ethische Verantwortung für sein/ihr Handeln; 2) handelt in ausgewogener Berücksichtigung seiner/ihrer gesellschaftlichen, ökologischen und wirtschaftlichen Verantwortung; 3) übernimmt, bei grundsätzlicher Freiheit der Forschung, die persönliche Verantwortung, Grenzen bei der Erkenntnisgewinnung zu berücksichtigen [...].«[254] Zweifellos stellt der Begriff der Verantwortung einen positiven Begriff dar, der Außenstehenden einen gewissen Ernst aufseiten der Handelnden zu suggerieren vermag. Die Positivität des Begriffes wird denn auch in anderen Kontexten weidlich genutzt, etwa in der Politik. Mit Plakaten, die neben dem sympathischen Konterfei eines Kandidaten nichts weiter als das Wort »Verantwortung« enthalten, sind schon Wahlen gewonnen worden. Was ist nun mit dem Appell an die Verantwortung des Einzelnen erreicht? Steht der Verantwortungsbegriff bereits von vornherein für ein ethisches Konzept? Was ist mit »Verantwortung« eigentlich gemeint? Zur angewandten Ethik gehört wesentlich die Aufgabe, solche Begriffe näher zu bestimmen, um die damit korrespondierenden ethischen Probleme namhaft zu machen.

Der Begriff der Verantwortung hat mehr und mehr Bedeutung erlangt, seit Max Weber zwischen Gesinnungs- und Verantwortungsethik unterschieden hat. Während die Gesinnungsethik nach Weber infolge der Fokussierung auf das richtige Bewusstsein des Handelnden den tatsächlichen Erfolg einer Handlung aus den Augen zu verlieren droht, geht es bei der Verantwortungsethik zuvorderst darum, dass »man für die (voraussehbaren) Folgen seines Handelns aufzukommen hat«[255]. Bereits ein Blick auf die Paraphrase, die das Universalwörterbuch des Duden unter dem Stichwort »Verantwortung« anbietet, mag zeigen, was dabei das zentrale Problem darstellt: »(mit einer bestimmten Aufgabe, einer bestimmten Stellung verbundene) Verpflichtung, dafür zu sorgen, daß (innerhalb eines bestimmten Rahmens) alles einen möglichst guten Verlauf nimmt, das jeweils Notwendige u. Richtige getan wird u. möglichst kein Schaden entsteht«[256]. Soweit jemand für die Folgen seines Handelns geradezustehen hat, muss er zunächst nach dem Kriterium gefragt werden, nach dem sich für ihn bemisst, was ein »guter Verlauf«, was »notwendig« und was »richtig« oder was ein »Schaden« ist.

Das betreffende Kriterium braucht nun allerdings nicht unmittelbar ein ethisches Kriterium zu sein. Demgemäß spricht denn etwa Hans Lenk von »vier Ebenen oder Dimensionen der Verantwortung«[257], die unterschiedliche Verantwortungskonzepte voraussetzen: »1) Handlungs(ergebnis)verantwortung; 2) Aufgaben- und Rollenverantwortung; 3) (universal)moralische Verantwortung und 4) [...] rechtliche Verantwortung«[258]. Eine genauere Analyse des Verantwortungsbegriffs kann nun im Detail zeigen, inwiefern sich auf diesen vier Ebenen völlig unterschiedliche und disparate Auffassungen der eigenen Verantwortung ausgestalten lassen.

Für Günter Ropohl erschließt sich das Ensemble der Begriffsmomente der Verantwortung über eine Reihe von so genannten W-Fragen: »(A) Wer verantwortet (B) was, (C) wofür, (D) weswegen, (E) wovor, (F) wann und (G) wie.«[259] Auf den ersten Blick könnte man die eine oder andere dieser Fragen für banal halten. Was ist denn schon auf die Frage (A) zu antworten? Christoph Hubig verdeutlicht jedoch, inwieweit je nach Antwort auf die Frage (A) auch von verschiedenen Formen der Verantwortung gesprochen werden muss: »Subjekt der Verantwortung: Mensch – moralische Verantwortung; Rollenträger – Berufsverantwortung; Experte – Sonder-, Fürsorgeverantwortung; Mitglied – Mitverantwortung; Institution – institutionelle Verantwortung«[260]. Ähnlich wie Ropohl versucht auch Lenk den Verantwortungsbegriff als einen Begriff kommunikativer Eingebundenheit eines verantwortlichen Subjektes zu erschließen: »Verantwortungsbegriffe selbst sind zuschreibungsgebundene mehrstellige Relations-(Beziehungs-) bzw. Strukturbegriffe, interpretations- und analysebedürftige Schemata mit folgenden Elementen: – *jemand:* Verantwortungssubjekt, -träger (Personen, Korporationen) ist – *für:* etwas (Handlungen, Handlungsfolgen, Zustände, Aufgaben usw.) – *gegenüber:* einem Adressaten – *vor:* einer (Sanktions-, Urteils-) Instanz – *in bezug auf:* ein (präskriptives, normatives) Kriterium – *im Rahmen eines:* Verantwortungs-, Handlungsbereiches verantwortlich.«[261] Schreibt man nun diese zu konkretisierenden Momente als Titel vertikal untereinander und ergänzt sie auf der Horizontalen um die vier Dimensionen der Verantwortung, so erhält man eine Tabelle mit insgesamt vierundzwanzig leeren Feldern, in deren Horizonten der Begriff der Verantwortung erst ausdifferenziert werden muss. Bedenkt man im Weiteren, dass sich innerhalb von jedem einzelnen jener Felder wiederum konkurrierende Antworten geben lassen, versteht man unmittelbar, weshalb etwa Kurt Bayertz in Bezug auf die Verantwortung davon spricht, sie stelle weit weniger ein Prinzip als ein Problem dar.[262]

Nun könnte man sagen, dass der Techniker für die Folgen seiner technischen Schöpfungen gegenüber den Konsumenten und gegenüber allen auch mittelbar von seinem Produkt Betroffenen in Bezug auf die grundlegenden moralischen Prinzipien verantwortlich ist. Im Zusammenhang mit unserer Begriffsanalyse stehen wir damit bereits vor den drei wesentlichen Grundschwierigkeiten einer Technikethik. Erstens begegnen wir auch hier wiederum dem Problem, dass es unterschiedliche ethische Theorien gibt, die die Grundnormen der Moral auf verschiedene Weise begreifen und fassen. Zweitens können wir heute dem einzelnen Techniker nur noch bedingt die Verantwortung für sein Tun zuschreiben.[263] Gerade im Bereich der technischen Handlungskomplexe tritt das Individuum als Entscheidungsträger zunehmend hinter die Institution zurück, für die es tätig ist und innerhalb deren es nur über beschränkte Entscheidungsfreiheiten verfügt. Hubig stellt hierzu fest: »Institutionen regulieren und strukturieren [...] über Gratifikationen und Sanktionen die Möglichkeiten der Auswahl von Zwecken für die Individuen.«[264] Dabei fällt es uns allerdings schwer, Institutionen als Subjekte der Moral zu begreifen. Im konkreten Fall erweist sich die Institution, was die moralische Verantwortung betrifft, gelegentlich gar als ein »Bermudadreieck« der Verantwortung, wo am Ende mangels Verantwortungssubjekt stellvertretend dem Staat die Verantwortung für die Folgen zugeschoben wird.

Das dritte Problem betrifft die Vorhersehbarkeit möglicher Folgen. Hier versucht die so genannte Technikfolgenabschätzung einen Beitrag zu leisten.[265] Im Zusammenhang mit entsprechenden Folgen einer technischen Entwicklung unterscheidet beispielsweise Hubig insgesamt vier Arten von Folgen, je nachdem wie die Möglichkeit ihres Eintreffens einzuschätzen ist.[266] Zunächst scheint es logische Folgen zu geben, die in gewisser Weise vorab kalkuliert werden können. Darüber hinaus spricht Hubig von Folgen, die im Sinne von realen Möglichkeiten als wahrscheinlich erachtet werden können. Andere Folgen, die bloß hypothetische Möglichkeiten darstellen, können allenfalls über Simulationen ins Blickfeld gerückt werden. Zuletzt nennt Hubig jene Folgen, die sich als Metamöglichkeiten lediglich im Horizont so genannter Szenarios erschließen lassen.

»Gemeint sind [...] Metamöglichkeiten nicht bloß im Sinne einer Erweiterung oder Begrenzung der Erkenntnismöglichkeiten von Realitäten, sondern auch im Sinne einer durch die realen Handlungen von Wissenschaft und Technik vorgenommenen Konstituierung neuer Entitäten und Effekte, die vorher in der realen Welt nicht vorhanden waren [...].«[267] Für den verantwortungsvollen Techniker entsteht mithin die Schwierigkeit, dass er ohne umfassende Unterstützung durch die Disziplin der Technikfolgenabschätzung den größten Teil der möglichen Folgen seines Tuns gar nicht in den Blick bekommen kann. Etwas anderes ist schließlich die Beantwortung der Frage, inwieweit Techniker für Folgen, die hypothetische Möglichkeiten oder Metamöglichkeiten darstellen, überhaupt verantwortlich sein können. Ohne nun im Detail eine Antwort auf die angesprochenen Probleme einer Technikethik geben zu wollen, lässt sich insgesamt feststellen, dass durch die philosophische Begriffsanalyse zwar noch keines der Probleme gelöst worden ist, dass aber durch sie ein entscheidender Beitrag zu einem differenzierten Problembewusstsein geleistet wird.

Die Wissenschaftsethik und der blinde Fleck

Sowohl im Bereich der Naturwissenschaften als auch im Bereich der Sozialwissenschaften versucht die Wissenschaftsethik, angewandt-ethische Normen in dreierlei Hinsicht zu entwerfen: erstens Normen für den Umgang der Forschenden untereinander, die vor allem Geltungsdrang der Wahrheit verpflichtet sein sollen, zweitens für die Art und Weise, wie die Forschenden zu ihren Erfindungen und Entdeckungen gelangen sollen und wie nicht (Thema im naturwissenschaftlich-medizinischen Bereich sind etwa der Tierversuch und das Humanexperiment), und drittens Normen, die die Wahrnehmung der Verantwortung für die Forschungsergebnisse sowie für deren mögliche Folgen betreffen. Was die Verantwortung für die Resultate der Forschung anbelangt, ist hier vor allem die Frage nach den Grenzen der Forschung zu klären.

Auch auf allen drei Ebenen der Wissenschaftsethik gehört der Verantwortungsbegriff zu den zentralen Begriffen: mit denselben Schwierigkeiten, die zuvor schon für das technikethische Feld genannt worden sind. Für den Wissenschaftler sind die Folgen seines Tuns vielleicht noch etwas unüberschaubarer als für den Techniker. Eine wesentliche Unterscheidung, die in dem Kontext gern ins Spiel gebracht wird, ist die zwischen Entdeckungen und Erfindungen. Wenn ein Wissenschaftler einen bisher nicht erkannten naturgesetzlichen Zusammenhang entdeckt, bringt er – so lautet das Argument – weit weniger an Neuem in die Welt, als wenn er etwas erfindet. Der Entdecker entbirgt gleichsam nur, was auch ohne ihn vorhanden ist. Von daher erachtet sich der Naturwissenschaftler für seine Entdeckung von Naturgesetzlichkeiten auch nicht unmittelbar für verantwortlich. »Der Erfinder [...] hat [...] ein bestimmtes praktisches Ziel vor Augen. Er muß überzeugt sein, daß die Erreichung dieses Zieles einen Wert darstellt; und man wird ihn mit Recht mit der Verantwortung dafür belasten.«[268]

Ein weiteres Moment der Verantwortungsproblematik stellt auch auf dem wissenschaftsethischen Feld die Aufteilung zwischen individueller und institutioneller Verantwortung dar. Vor einigen Jahren haben zwei Wissenschaftler in einer deutschen Firma versucht, ein Medikament zu entwickeln, mit dem Patienten, die sich einer Strahlentherapie unterziehen müssen, von der begleitenden Übelkeit befreit werden sollten.[269] Nachdem diesen Wissenschaftlern bekannt geworden war, dass das Medikament auch militärisch eingesetzt werden sollte, um die Kampffähigkeit der durch Atomwaffen verstrahlten Soldaten aufrecht-zuerhalten, kündigten sie ihre Verträge. Weil die Firma unmittelbar andere Wissenschaftler gefunden und eingestellt hat, die bereit waren, die betreffende Arbeit fortzusetzen, könnte man geneigt sein, die Wahrnehmung individueller Verantwortung im wissenschaftlichen Bereich als sinnlos zu betrachten. Das Beispiel zeigt indessen nur, dass die individuelle Verantwortung durch institutionelle Verantwortung ergänzt werden muss.

An dieser Stelle möchte ich auf einen ganz anderen Umstand aufmerksam machen. Wenn wir umgangssprachlich von den Wissenschaften sprechen, beziehen wir uns in aller Regel auf einen Komplex von Tätigkeiten und Unternehmungen, die alle auf irgendeine neue Erkenntnis, Neuerung oder neuartige Wirkung abzuzielen scheinen. Hierbei denken wir heute zuvorderst an das Modell der Naturwissenschaften. Daneben vergessen wir oft die Vielzahl der anderen Wissenschaften, die einmal unter dem Titel der Geisteswissenschaften, später unter dem Titel der Kulturwissenschaften und zuletzt als Wissenschaften mit einem kommunikativen Erkenntnisinteresse zusammengefasst worden sind. Die Frage drängt sich auf, weshalb die moralisch relevanten Probleme dieser Wissenschaften von der Wissenschaftsethik kaum thematisiert werden. Hierzu möchte ich folgende These vertreten: Die Geisteswissenschaften scheinen im Rahmen der Wissenschaftsethik vernachlässigbar zu sein, weil nicht so deutlich nachvollzogen werden kann, was sie eigentlich hervorbringen.

Im vorliegenden Kontext wird übersehen, dass die Naturwissenschaften und die Geisteswissenschaften unterschiedliche Ziele verfolgen und ihnen unterschiedliche Methoden zugrunde liegen. Wilhelm Dilthey hat diese Differenz einst auf die Formel gebracht: Die Naturwissenschaften wollen erklären und die Geisteswissenschaften wollen verstehen.[270] Erklären bedeutet im weitesten Sinne, Phänomene als Wirkungen zu betrachten und auf ihre Ursachen zurückzuführen. Wenn man einen bestimmten Kausalzusammenhang einmal begriffen hat, kann man ihn anschließend auch für spezifische Zwecke nutzen. Im Bereich des Verstehens geht es indessen darum, Sinn zu deuten und Intentionen nachzuvollziehen. Sinn findet sich soweit, wie er im Ausdruck anderer Menschen beschlossen liegt. Was der eine Mensch als seelisch-geistiges Wesen ausdrückt, kann durch den anderen Menschen als seelisch-geistiges Wesen interpretativ erschlossen werden. Da die Wirkung einer solchen Sinnerschließung, bei der man beispielsweise einen philosophischen Text oder ein Gedicht versteht, dem Privaten zugeschlagen und für unerheblich angesehen wird, gilt eine Ethik der Geisteswissenschaften nicht als eine besonders dringliche Angelegenheit.

Das festgestellte wissenschaftsethische Defizit dürfte von daher weder den ersten oben genannten Aspekt bzw. die Auseinandersetzung mit der Frage betreffen, wie Geisteswissenschaftler miteinander umgehen – hier gelten auch nach wie vor die in den akademischen Eiden verankerten Standards –, noch den zweiten Aspekt, bei dem die Frage im Zentrum steht, wie die Wissenschaftler zu ihren Einsichten gelangen. Das Fehlen einer geisteswissenschaftsethischen Diskussion wird vor allem relevant, wo es um ein spezifisches Verantwortungsbewusstsein der Geisteswissenschaftler geht, nämlich um das Bewusstsein der Verantwortung für die eigenen Theoreme und Konstrukte im Hinblick auf die Folgen, die mit diesen Theoremen verbunden sind.

Die Aufmerksamkeit auf dieses Defizit zu lenken hat jüngst auch der Physiker Alan Sokal versucht. Sokal ist es gelungen, einen als Parodie geschriebenen Text in der Zeitschrift *Social Text* unterzubringen, einer Zeitschrift für »cultural studies«.[271] Die im Sommer 1996 veröffentlichte und nicht als solche gekennzeichnete Parodie versucht den postmodernen Jargon zu imitieren und scheint mit Unterstützung der neusten mathematischen und physikalischen Theorien postmoderne Sichtweisen in die Naturwissenschaften zu transportieren. Die Sache dürfte für Geisteswissenschaftler nicht leicht zu durchschauen sein. Im Rahmen eines Seminars, das ich zusammen mit einem Physiker unter dem Titel »Wissen, Wissenschaft und Ethik – ein Versuch, die so genannte Sokal-Affäre aufzuarbeiten« an der Universität Basel im Jahre 1999 durchgeführt habe, haben die Studierenden Sokals Aufsatz trotz expliziter Vorwarnung als einen ernst gemeinten Beitrag gelesen.

Der Aufsatz ist äußerst raffiniert aufgebaut. Nicht nur der im Grunde sinnlose Titel *Die Grenzen überschreiten – Auf dem Weg zu einer transformativen Hermeneutik der Quantengravitation*, sondern auch das vorangestellte Zitat von Valerie Greenberg bringen den aufgeschlossenen Leser in eine Stimmung der völligen Offenheit gegenüber dem Anliegen der Abhandlung: »Das Überschreiten von Disziplinengrenzen ... [ist] ein subversives Unterfangen, da dabei oft die Heiligtümer etablierter Betrachtungsweisen verletzt werden. Zu den am stärksten befestigten Grenzen zählen jene zwischen den Naturwissenschaften und den Humanwissenschaften.«[272] Die Bereitschaft, jene Grenzen zu überwinden, wird sodann dadurch gefördert, dass die Mainstream-Naturwissenschaftler der Sturheit und Beschränktheit bezichtigt und als rückständig ausgegrenzt werden: »Es gibt viele Naturwissenschaftler und vor allem Physiker, die hartnäckig bestreiten, daß die mit Sozial- und Kulturkritik befaßten Disziplinen mehr als vielleicht peripher zu ihrer Forschung beizutragen haben.«[273] Als jemand, der die Prozesse der Relativierungen menschlicher Vernunft nach- und mitvollzogen hat, gesellt sich der geisteswissenschaftliche Leser nur zu gern auf die Seite eines Physikers, der sich von der vermeintlich ignoranten Mehrheit seiner Zunft abgrenzt: »Vielmehr klammern sie sich an das

Dogma [...]: Es gibt eine äußere Welt, deren Eigenschaften unabhängig sind vom einzelnen Individuum und sogar von der gesamten Menschheit [...].«[274] Warum sollten denn die »tiefen konzeptionellen Veränderungen innerhalb der Wissenschaft des 20. Jahrhunderts«[275] und »die feministische und poststrukturalistische Kritik«[276] nicht auch in den Naturwissenschaften zu einer fundamentalen Relativierung der Erkenntnisse führen? »Dadurch wurde immer deutlicher, daß die physische ›Realität‹, nicht weniger als die gesellschaftliche, im Grunde ein soziales und sprachliches Konstrukt ist, daß wissenschaftliche ›Erkenntnis‹ alles andere als objektiv ist, sondern die herrschenden Ideologien und Machtverhältnisse der Kultur, die sie hervorgebracht hat, widerspiegelt und verschlüsselt [...].«[277] Was Sokal anschließend an physikalischen und mathematischen Theoremen und Beweisstücken zur Stützung dieser These anführt, ist für die Herausgeber wahrscheinlich ebenso wie für unsere Studierenden eine Sache des Vertrauens gegenüber einem Physiker gewesen, der hier besser Bescheid weiß. Offenbar rechnen Geisteswissenschaftler nicht damit, dass ihr Vertrauen missbraucht werden könnte. Einen Monat nach der Veröffentlichung hat Sokal im Übrigen selbst publik gemacht, dass es sich bei seinem Aufsatz um eine Parodie handelt, und zugleich erklärt, welches Ziel er mit deren Veröffentlichung verfolgt hatte.

Sokals Parodie scheint mehr zu sein als ein bloßer Jux, wie ihn sich etwa die *Enzyklopädie Philosophie und Wissenschaftstheorie* leistet, wenn sie Artikel wie etwa jenen über einen »Johann Jakob Feinhals« aufnimmt, der der Fantasie des Herausgebers entstammt.[278] Nach eigener Aussage wollte Sokal darauf aufmerksam machen, dass es innerhalb der Geisteswissenschaften keine Kriterien und Standards mehr gibt, dass alles sagbar scheint – nach der vermeintlich postmodernen Devise »anything goes«[279].

Um seine Vorwürfe zu untermauern, hat Alan Sokal zusammen mit Jean Bricmont zu einem zweiten Schlag gegen die postmodernen Denker ausgeholt. Sokal hat zunächst aufseiten der betreffenden Intellektuellen eine gewisse Präferenz festgestellt, mathematische und physikalische Theoreme als Beispiele und Bilder zu verwenden. In ihrem Buch *Eleganter Unsinn* überprüfen er und Bricmont jene Beispiele und Bilder, die Jacques Lacan, Julia Kristeva, Luce Irigaray, Bruno Latour, Jean Baudrillard, Gilles Deleuze, Félix Guattari und Paul Virilio aus dem Bereich der Mathematik und Physik verwenden. Sokal und Bricmont kommen dabei zu einem vernichtenden Urteil: Im Grunde verstehen die acht Denkerinnen und Denker kaum etwas von Mathematik und Physik, und ihre diesbezüglichen Anleihen sind unter rein mathematischen oder physikalischen Gesichtspunkten von schwerwiegenden Fehlern belastet. Diese Feststellung ist nicht ohne Belang und kann nicht, wie es von Jean Baudrillard gemacht worden ist, damit abgetan werden, dass die betreffenden Dinge nie so ernst gemeint gewesen wären.

Im Epilog ihres Buches versuchen Sokal und Bricmont Schlussfolgerungen aus den Ergebnissen des von ihnen veranstalteten Mathematik- und Physikexamens zu ziehen, wobei sich zeigt, dass ihnen die Ziele und Methoden der Geisteswissenschaften fremd sind. Hinweise wie »Nicht alles, was unverständlich ist, hat zwangsläufig auch Tiefgang«[280] und Maximen wie »Man äffe die Naturwissenschaften nicht nach«[281] zeugen von einem Verständnis, wie es der Common Sense gegenüber der modernen Kunst pflegt. Nachdem Sokal und Bricmont jenen Denkern auch die kleinste mathematische und physikalische Ungenauigkeit vorgehalten haben, operieren sie hier selbst mit dem undifferenziertesten und fragwürdigsten Wahrheitsbegriff. Ganz abgesehen davon begreifen sie lediglich auf bedingte und mangelhafte Weise, welche Funktion Bilder, Metaphern und Analogien in den geisteswissenschaftlichen und philosophischen Betätigungsfeldern haben. Mit der ganzen Diskussion ist jedoch deutlich geworden, dass wir tatsächlich einen blinden Fleck im ethischen Blick auf die Wissenschaften haben – einen blinden Fleck, in dem sich die Geisteswissenschaften zu bewegen scheinen. Dieser blinde Fleck soll hier noch etwas konturiert werden.

Anfang der Achtzigerjahre hat Jürgen Mittelstraß zwischen Wissenschaft als einem »Produktionsfaktor« und Wissenschaft als einem »Orientierungsfaktor« unterschieden und dabei eine Begriffsdifferenzierung in die Diskussion eingeführt, deren Klärungspotenzial meiner Ansicht nach gegenwärtig noch nicht ausgeschöpft ist: Mittelstraß differenziert zwischen Verfügungswissenschaften und Orientierungswissenschaften. Während die Verfügungswissenschaften sich darauf konzentrieren, Verfügung »*über* Natur und Gesellschaft« zu erlangen, besteht die Aufgabe der Orientierungswissenschaften im Entwerfen von Orientierungshilfen »*in* Natur und Gesellschaft«.[282] Vereinfacht ausgedrückt kümmern sich die Verfügungswissenschaften um Mittel, und die Orientierungswissenschaften beschäftigen sich mit den Zielen. Nach Mittelstraß hat sich der Blick der Öffentlichkeit im Verlaufe der letzten Jahrzehnte Schritt für Schritt auf jenen Sektor der Wissenschaften verengt, von denen spezifische technische Mittel in Aussicht gestellt worden sind, um beliebige Zwecke zu erreichen, die ihrerseits kaum mehr wissenschaftlich diskutiert werden. »Moderne Industriegesellschaften sind in ihrem Bewußtsein und in ihren Strukturen so beschaffen, daß sie nur diejenigen Wissenschaften bzw. diejenigen wissenschaftlichen Resultate aufnehmen, die ihnen selbst ›technisch‹, d.h. in Form von Technikwissenschaften angeboten werden.«[283] Als Konsequenz aus dieser Engführung des Wissenschaftsbegriffs stellt Mittelstraß im Horizont seiner Begriffsunterscheidung schließlich fest: »Wir haben eine Gesellschaft, die Wissenschaft als technisches Verfügungswissen versteht [...].«[284] Moralisch relevant scheinen die Wissenschaften also nur dort zu sein, wo sie Mittel ermöglichen, durch die humane Zwecke infrage gestellt oder inhumane Ziele unterstützt werden. Der betreffende wissenschaftsethische Diskurs beschränkt sich darum weitgehend auf das Feld der Verfügungswissenschaften.

Wissenschaften, denen es wie einem großen Teil der Geisteswissenschaften hauptsächlich um Orientierung geht und die darum keine Mittel der Verfügung bereitstellen, werden als wirkungslos und deshalb als moralisch nicht brisant erachtet. Dabei wird übersehen, dass es unsere Lebens- und Weltanschauungen als die grundlegenden Orientierungsentwürfe sind, die Ziele als human oder inhuman bzw. als moralisch oder amoralisch erscheinen lassen. Sämtliche Geisteswissenschaften, die in irgendeiner Weise an der Ausarbeitung, Modifizierung, Kritik oder Umsetzung unserer Orientierungen arbeiten, stehen daher in direkter Korrespondenz mit den Disziplinen der Philosophie bzw. der Ethik als den leitenden Orientierungswissenschaften. Eine Verwirrung in der Orientierung, bei der wir gute Zwecke und schlechte Zwecke nicht mehr auseinander zu halten wissen, dürfte im Endeffekt sogar folgenreicher sein als jedes noch so unsägliche Verfügungsmittel, das wir bei richtiger Orientierung ganz einfach ungenutzt lassen. Von daher bedarf es unbedingt einer wissenschaftsethischen Auseinandersetzung auch in Bezug auf sämtliche Orientierungswissenschaften.

Die psychologische Ethik und die Beschreibung des Falles

Wie der Untertitel eines 1997 erschienenen Buches suggeriert, soll etwa die Individualpsychologie nichts anderes als eine angewandte Ethik repräsentieren.[285] Bevor demnach der Aufgabenbereich einer psychologischen Ethik skizziert werden kann, gilt es zunächst der Frage nach einer Koinzidenz zwischen den Unternehmen der Psychologie bzw. der Psychotherapie und der Ethik nachzugehen. Um zu prüfen, inwiefern Psychotherapie und Ethik zwei vergleichbare Unternehmen darstellen, möchte ich einen Blick auf die »Beratungssituation« derjenigen Psychotherapien werfen, die sich von der Psychoanalyse im Sinne einer Grundlagenwissenschaft ableiten.

Menschen, die sich in ihrer Freiheit vom Unbewussten her beeinträchtigt fühlen, die sich aufgrund von traumatischen Erlebnissen und krank machenden Bindungen in psychischen Fallstricken verfangen haben, suchen die psychotherapeutische Praxis auf, um ihre Freiheit zurückzuerlangen. Zunächst schließt ein Hilfesuchender mit dem Therapeuten gewissermaßen einen Vertrag ab, um in seinen spezifischen Schwierigkeiten und Beeinträchtigungen therapiert zu werden. Soweit könnte man die Therapiesituation als eine Beratungssituation begreifen, bei der die Autonomie des Ratsuchenden gewahrt bleibt. Aufgabe des Therapeuten bzw. des Analytikers bei der psychoanalytischen Therapie ist es sodann, einen geschützten Raum zu schaffen, innerhalb dessen sich das Unbewusste des Analysanden getraut, die in ihm unter Verschluss gehaltenen traumatisierenden, schmerzhaften Erinnerungen freizugeben, damit das Problem, das der Patient nicht zu lösen vermochte, endlich aufgelöst werden kann. Dazu muss sich der Analytiker selbst zu einer Art Resonanzboden für die Andeutungen des Unbewussten des Analysanden machen. Im Vordergrund steht die Analyse dessen, was gegenwärtig geschieht, und zwar im Hinblick auf jene Dinge, die in der Vergangenheit passiert sind. Der eigentliche Gesprächspartner des Analytikers und gewissermaßen auch des Analysanden ist hierbei primär das Unbewusste und nicht das Bewusstsein des Analysanden.

Eine philosophisch-ethische Auseinandersetzung ist dagegen eine Angelegenheit des Bewusstseins. Die ethische Frage »Was soll ich tun?« setzt ein autonomes Subjekt voraus, das sich bewusst für eine Handlungsweise entscheidet und dafür die uneingeschränkte Verantwortung trägt. Da sich die Psychotherapie und das philosophisch-ethische Sich-Beraten an unterschiedliche »Gesprächspartner« wenden – einmal an das Unbewusste des Patienten und einmal an das Bewusstsein des Ratsuchenden –, können angewandte Ethik und Psychotherapie nicht als koinzidente Unternehmen begriffen werden. Während es der angewandten Ethik letztlich um den Gebrauch der Freiheit geht, hat die Psychotherapie die Erlangung der Freiheit zum Ziel.[286] Beide Beratungstätigkeiten kann man zudem nicht gleichzeitig ausüben. Die philosophisch-ethische Auseinandersetzung kann nur mit mündigen und freien Menschen geführt werden, wohingegen zur Psychotherapie die Einsicht des Klienten gehört, dass ihm in einem bestimmten Gebiet ein wichtiges Maß an Freiheit abgeht. Nachdem sich jetzt die Behauptung als unhaltbar herausgestellt hat, das Unternehmen der Psychotherapie und das der Ethik seien in gewissem Sinne identisch, gilt es zu skizzieren, was unter einer psychologischen Ethik zu verstehen ist.

Das Wissen und die Techniken der Psychologie insgesamt bieten heute umfassende Möglichkeiten, andere Menschen zu manipulieren bzw. ihre Freiheit zu unterlaufen, verbunden mit der Gefahr, die Psyche dieser Menschen nachhaltig zu verletzen. Die psychologische Ethik versucht hier Normen zu formulieren, die einen verantwortungsvollen Umgang mit dem Manipulationspotenzial der Psychologie vorsehen: sowohl bei der Durchführung von Experimenten als auch beim Einsatz von Psychopharmaka und bei der Anwendung von Therapien. Das zentrale Kriterium, an dem sich alle diesbezüglichen psychologisch-ethischen Bemühungen ausrichten, bildet der Respekt vor der Autonomie derjenigen, auf die psychologisches Wissen oder psychologische Techniken angewandt werden. Entwurf und Einhaltung entsprechender psychologisch-ethischer Normen dürften im Bereich der Psychotherapie umso dringlicher sein, weil hier die Hilfesuchenden selbst nur noch bedingt für ihre Freiheit einstehen können.

Im Gegensatz hierzu scheint die psychologische Ethik auf dem Feld der Psychiatrie, wo sie teilweise an die Medizinethik anknüpft, allerdings auch prüfen zu müssen, ob es in gewissen Fällen nicht geradezu umgekehrt geboten ist, die Freiheit von Patienten einzuschränken. »Hier geht es um aus der Not geborene Einschränkungen der menschlichen Freiheit und des Selbstbestimmungsrechts.«[287] Wenn ein psychisch Kranker Selbsttötung begehen möchte, gehört es nach dem herkömmlichen Verständnis zur Aufgabe der psychologischen Betreuer, den psychisch Kranken vor sich selbst zu schützen und seinen Suizidversuch zu vereiteln. In Analogie zum Thema Sterbehilfe bei physisch Kranken ist in den Neunzigerjahren eine Diskussion darüber entstanden, ob nicht auch der Todeswunsch von psychisch Kranken unter gewissen Bedingungen als autonome Entscheidung respektiert werden sollte.[288]

In Bezug auf das Sterbeverlangen von physisch Kranken sind fünf ethische Kriterien für die mögliche moralische Akzeptanz diskutiert und deren Erfüllung von so genannten Sterbehilfeorganisationen, wie zum Beispiel »exit«, als Bedingung möglicher Unterstützung festgelegt worden: 1. Der Kranke muss in irgendeiner Hinsicht »unter einer Krankheit, die [ihm] keine Hoffnung auf Besserung lässt, unter unerträglichen Schmerzen oder an einer unzumutbaren Behinderung«[289] leiden und »sich nach der Beendigung [seiner] Qualen«[290] sehnen. 2. Der Zustand seiner Krankheit oder seiner Behinderung muss – zumindest auf absehbare Zeit – als unabänderlich bzw. hoffnungslos erscheinen, und zwar nicht nur aus seiner Sicht, sondern auch aus der Sicht von medizinischen Fachleuten. 3. Der Kranke muss zum Zeitpunkt seines Entschlusses zurechnungsfähig sein. 4. Sein Wunsch zu sterben sollte bereits über eine längere Dauer vorhanden und immer wieder geäußert worden sein. 5. Zuletzt sollte der Freitod mit den moralischen Anschauungen des Kranken verträglich sein. Der Kranke sollte mithin in der Lage sein, sich selbst die Frage nach der Moralität der Selbsttötung aufrichtig zu beantworten.

Ohne nun im Detail auf die betreffenden Argumente in der Diskussion um passive, indirekte oder aktive Sterbehilfe einzugehen[291], soll hier bloß der Frage nachgegangen werden, inwiefern unter Berücksichtigung der genannten Kriterien auch psychisch Kranke bei ihrem Todeswunsch zu unterstützen sind. In dem Kontext soll exemplarisch vor allem das grundsätzliche Problem der Applikation von allgemeinen Normen auf besondere Fälle behandelt werden.

Allgemeine Normen wie moralische Prinzipien nennen in der Regel ganz wenige pauschale Momente, die es bei ihrer Anwendung zu berücksichtigen gilt; die Fälle, die unter diese Normen zu subsumieren sind, umfassen dagegen eine unendliche Zahl von besonderen Aspekten. »Gerade dort, wo singuläre Situationen und Handlungen unter generelle Normen subsumiert werden sollen, zeigt sich nun aber die kategoriale Heterogenität beider Bereiche in besonderer Schärfe.«[292] Aufgrund entsprechender Inkompatibilität von Allgemeinem und Besonderem ergibt sich eine ganze Reihe von Problemen, die für Wolfgang Wieland die so genannte Applikationsaporie ausmachen. »Der Name der *Applikationsaporie* soll hier den Inbegriff der Schwierigkeiten bezeichnen, die sich aus der Notwendigkeit ergeben, generelle Normen auf individuelle, konkrete Situationen anzuwenden.«[293] Die Applikationsaporie besteht nun darin, dass die Fälle möglicherweise gleichzeitig zwei sich widerstreitenden Normen unterzuordnen sind.

Der Vorgang der Subsumtion beginnt zunächst mit einer Bestandsaufnahme derjenigen allgemeinen Bedingungen, die von der Norm beschrieben werden, und setzt sich fort in der Betrachtung des zur Diskussion stehenden singulären Falles – im Hinblick darauf, ob er die Bedingungen der Norm erfüllt oder nicht.

»Wer auf der Grundlage von Normen konkrete Handlungen und Situationen regulieren will, wird zuerst prüfen, ob sich jedem der endlich vielen, von der jeweiligen Norm berücksichtigten Merkmale ein Merkmal des zu regulierenden Sachverhalts zuordnen läßt. Dies geschieht beispielsweise dann, wenn der Jurist die einzelnen in einer Gesetzesnorm berücksichtigten Tatbestandsmerkmale durchgeht, um sie mit den Merkmalen eines realen, individuellen Lebenssachverhalts in Beziehung zu setzen. Findet jedes Merkmal der Norm im Sachverhalt seine Entsprechung, so scheint damit die Applikation der Norm gerechtfertigt zu sein.«[294]

Auch wenn nun zu jedem einzelnen von der Norm genannten Merkmal aufseiten des Falles ein entsprechendes Merkmal aufgefunden werden kann, darf deshalb noch nicht mit Sicherheit davon ausgegangen werden, dass der Fall unter die Norm fällt, weil die restlichen Merkmale des Falles vielleicht ebenso vollkommen mit den Merkmalen von ganz anderen, widerstreitenden Normen übereinstimmen. »Auch die unübersehbar zahlreichen Merkmale des konkreten Sachverhalts, zu denen die Norm schweigt, sind nämlich nicht in jedem Fall irrelevant, wenn es um die Frage geht, ob man berechtigt ist, die Norm zu applizieren. Denn es kann Merkmale des Sachverhalts geben, deren Vorliegen die Anwendung der in Frage stehenden Norm auch dann ausschließt, wenn sie von der Norm weder im positiven noch im negativen Sinn berücksichtigt werden.«[295] Hierzu soll ein Beispiel betrachtet werden.

Nehmen wir einmal an, wir sollten die uneingeschränkte Selbstbestimmung auch psychisch Kranken zugestehen – was nicht meiner persönlichen Überzeugung entspricht –, so wäre es vorstellbar, dass eine betreffende Patientin, die aufgrund eines jahrelangen psychischen Leidens ihrem Leben ein Ende zu setzen wünscht, vielleicht sogar in gewisser Hinsicht die oben genannten Kriterien erfüllen könnte. Als Außenstehender kann man denn auch bei einer psychisch schwer leidenden Person den Eindruck gewinnen, sie sei in gewissen Momenten klar bei Vernunft und zurechnungsfähig. Entsprechend könnte man zum Schluss kommen, dass dem Wunsch der betreffenden Patientin, Selbstmord zu begehen, so wenig entgegenzusetzen ist wie dem entsprechenden Wunsch eines physisch Schwerstkranken. Da der Fall sich nicht nur (vermeintlich) unter das Prinzip der Autonomie, sondern auch unter das Gebot, Hilfe zu leisten, einordnen ließe, könnte jemand gar eine Pflicht darin sehen, jene Person im Hinblick auf ihre Selbsttötung bestmöglich zu beraten.

Nicht ganz zufällig habe ich vorhin von einer Patientin gesprochen, denn ich denke in diesem Zusammenhang an eine Frau, die mir vor einigen Jahren begegnet ist. Diese Frau erkrankte infolge unvorstellbar scheußlicher Erlebnisse an Schizophrenie. Der Höhepunkt ihrer Krankheit ereilte sie im Alter von etwas mehr als dreißig Jahren. Sie musste ihren Beruf als Musikerin aufgeben, ihr Mann trennte sich von ihr und sie kam in eine psychiatrische Anstalt. Über zehn Jahre, in denen sie den Wunsch hatte, sich umzubringen, war sie unfähig, in irgendeiner aus ihrer Sicht sinnvollen Weise am Leben Anteil zu nehmen. Weder spielte und hörte sie Musik, noch las sie in all den Jahren eine Zeitung oder ein Buch. Als ich ihr viele Jahre später begegnete, spielte sie wieder in einem anspruchsvollen Orchester mit und setzte sich lesend, schreibend und malend mit ihrem Leben und den Fragen nach den letzten Dingen auseinander. Natürlich musste sie auch weiterhin innerlich gegen die Vergangenheit ankämpfen. Ihr größter Wunsch war es aber, all das Glück, zu dem sie mittlerweile fähig war, so lange wie nur möglich auszukosten.

Wer diese Frau, ihren heutigen Lebenswillen und ihre Fähigkeit, das Leben zu genießen, erleben darf, kommt nicht umhin, die oben aufgeworfene Frage, inwiefern der Wunsch von psychisch Kranken nach Selbsttötung zu unterstützen ist, in einem völlig anderen Licht zu sehen. Während jemand mit Blick auf die langjährige Leidensgeschichte jener Patientin vielleicht seine entsprechende Unterstützung des Todeswunsches konfliktfrei mit dem Gebot der Hilfeleistung zu vereinbaren vermag, wird jemand anderes mit Blick auf die späten Glücksmöglichkeiten jener Patientin fortan jeden vergleichbaren Fall unter das Gebot subsumieren, andere vor Schaden zu bewahren, und alles daran setzen, dass psychisch Kranke ihre Selbsttötungsabsichten unter keinen Umständen realisieren können. Damit wird die Antwort auf die betreffende Frage u.a. eine Angelegenheit der Vermittlung mit der eigenen Erfahrung und dem eigenen Wissen, d.h. eine Sache der Urteilskraft, deren Anwendung im Sinne einer Kunst immer nur vorläufige Entwürfe liefern kann. »Wo es um Normierungen in der Welt des Handelns geht, lassen sich stets nur Näherungslösungen finden, nicht dagegen Resultate, für die man unbezweifelbare Sicherheit in Anspruch nehmen könnte.«[296] Soweit man bei der Beantwortung einer solchen Frage am Ende auf die Urteilskraft rekurriert, gesteht man nach Wieland das Vorhandensein der Applikationsaporie ein. »Der Sache nach hat man jedenfalls die Unauflösbarkeit der Applikationsaporie bereits anerkannt, wenn man eine Instanz von der Art der Urteilskraft in Anspruch nimmt.«[297] In Anlehnung an die Ausführungen von Konrad Ott würde ich in diesem Zusammenhang jedoch nicht von einer Aporie sprechen, sondern vielmehr von einem strukturellen Problem der Anwendung normativer Ethik.[298]

Die Strebensethik und ihre Anwendung

Ganz am Anfang dieser Einführung habe ich die Unterscheidung zwischen Strebensethik und Sollensethik aufgegriffen, wie sie von Hans Krämer in seinem Buch *Integrative Ethik* in die Diskussion eingeführt wird. Bevor ich am Ende dieses Kapitels auch noch auf das Anwendungspanorama der Strebensethik zu sprechen komme, möchte ich hier nun vor allem die fundamentale Differenz zwischen diesen zwei ethischen Grunddisziplinen herausarbeiten. Sowohl der Begriff einer Strebensethik als auch der einer Sollensethik beziehen sich gemäß Krämer jeweils bloß auf einen Idealtypus und keineswegs auf eine Ethikkonzeption, die etwa in reiner Gestalt im Verlaufe der Ethikgeschichte realisiert worden wäre.[299] Der Strukturtypus der Sollensethik repräsentiert dabei im weitesten Sinne das, was man gemeinhin unter Moralphilosophie verstanden hat. Im Horizont der Strebensethik dagegen werden die systematische Glückssuche des Einzelnen und eine entsprechende Kultur der Lebenskunst thematisiert. »Bezieht sich die Moralphilosophie auf die Moral als den Gesamtbestand der moralischen Verhaltensregeln, so die Strebensethik auf die nichtmoralische richtige Lebensführung im ganzen.«[300] Das von Krämer skizzierte Projekt einer integrativen Ethik bemüht sich auf diesen zwei Feldern in dreierlei Hinsicht. Erstens soll versucht werden, dem Spezifischen der Sollensethik und der Strebensethik jeweils Rechnung zu tragen. Zweitens sollen die entsprechenden Bemühungen aufeinander abgestimmt und ihre Ergebnisse zuletzt in ein Verhältnis zueinander gebracht werden. Dadurch soll drittens die Vielschichtigkeit und Komplexität ethischer Überlegungen vor allen Formen der Simplifizierung geschützt werden. »Wir sind um eine Mehrdimensionalität der Ethik bemüht, die wir für irreduzibel halten. Ebensowenig wie die Moralphilosophie auf die Strebensethik läßt sich die Strebensethik auf die Moralphilosophie zurückführen.«[301]

Diese Feststellung, wonach Sollensethik und Strebensethik sich in keiner Weise wechselseitig aufeinander reduzieren lassen, scheint mit Blick auf die Geschichte der Ethik unbestreitbar, auch wenn wir bei den Randgängen zwischen jenen Teildisziplinen möglicherweise auch gewisse Verbindungspfade oder Übergänge finden oder zu finden glauben. Deshalb drängt sich der Versuch geradezu auf, zumindest in einem ersten Schritt den Bereich der Strebensethik und den der Sollensethik auseinander zu halten. Ganz ähnlich hat dies im Übrigen etwa schon Wilhelm Kamlah in seinem heute vielleicht neu zu entdeckenden Buch *Philosophische Anthropologie* ungefähr zwei Jahrzehnte vor Krämer gesehen. Kamlah macht im Horizont seiner Terminologie einen Unterschied zwischen der »normativen Ethik«, die von ihm ebenfalls mit der »Moralphilosophie« in eins gesetzt wird, und der »eudämonistischen Ethik«, die die so genannte »Philosophie als Lebenskunst« repräsentiert. Die Aufgabe der normativen Ethik besteht nach der Auffassung von Kamlah darin, darzulegen, »wie wir leben sollen«, wohingegen das Forschungsziel der eudämonistischen Ethik in der Beantwortung der Frage liegt, »wie wir leben können«.[302] Kamlah fasst die eudämonistische Ethik ebenfalls als »eine notwendige Ergänzung der normativen Ethik«[303] auf.

Nach Krämer bildet die Strebensethik dasjenige Modell einer Ethik, das während des ganzen Zeitraumes von der Antike bis zum Beginn der Neuzeit die Vorherrschaft innehatte. Die strebensethischen Überlegungen nehmen ihren Ausgang unmittelbar vom »Ich will« des Individuums; aus diesem Grunde wird die Strebensethik von Krämer gelegentlich als »eine Ethik der ersten Person«[304] bezeichnet. Als Beratungsdisziplin kümmert sich die Strebensethik um die Zielsetzungen und das Wollen des Einzelnen. Die normative Struktur ihrer Ratschläge und Einsichten lässt sich als hypothetischer Imperativ rekonstruieren, der einen autogenen Charakter hat: »Wenn ich das und das will, muss ich dies oder jenes tun.« Der Ausgangspunkt strebensethischer Reflexionen befindet sich also beim Selbstinteresse, beim grundlegenden Interesse oder den fundamentalen Interessen des Individuums. Die Strebensethik hilft nicht nur diese Interessen aufzuklären und vom Standpunkt der Vernünftigkeit genauer zu prüfen, sondern versucht auch deren Realisierung anzuleiten. Das zentrale Thema der Strebensethik bildet das Verhältnis zu sich selbst, d.h. das Verhältnis des Einzelnen zu seinem Wollen. Ihr Beratungsmodell entwickelt die von Krämer mitunter auch als »Selbstethik«[305] bezeichnete Strebensethik am Vorbild der medizinischen Betreuung.[306] Genauso wie der Arzt im Idealfall zunächst ausschließlich von den Interessen seiner Patienten ausgeht, versucht der Strebensethiker, bei seiner Beratung in erster Linie den Interessenstandpunkt des Individuums zu vertreten und nicht die Position der Gemeinschaft und deren Forderungen.

Der Anfang des 18. Jahrhunderts bildet nach Krämer sodann jenen Zeitabschnitt, wo allmählich die Sollensethik in reiner Form aufkommt und die Strebensethik beinahe restlos verdrängt. Die sollensethischen Reflexionen beginnen im Unterschied zu den strebensethischen Überlegungen bei dem faktischen Sollen, das innerhalb einer bestimmten Gemeinschaft in der Art von allgemeinen Pflichten und Verbindlichkeiten vorgegeben ist, mithin bei der Vorrangstellung des »Ich soll«. Die Sollensethik beschreibt jenes philosophische Unternehmen, das zum einen die logisch-genetische Entstehung von Sollensansprüchen nachzuvollziehen und zum anderen gleichzeitig die Legitimation dieser Sollensforderungen zu leisten sucht. Die spezifische Form derjenigen Normen, die ein entsprechendes Sollen transportieren und um deren Rechtfertigung es dem sollensethischen Unternehmen geht, ist der kategorische Imperativ. Eine sollensethische Beratung orientiert sich darüber hinaus am Modell der juristischen Beratung. Ähnlich wie im Bereich der Jurisprudenz wird im Falle eines Konfliktes zwischen dem Individuum und der Gemeinschaft auch von einem sollensethischen Standpunkt aus durchgehend der Gemeinschaft der Vorzug vor dem Individuum gegeben.[307] Sollensethik, die der Sache nach – wie bereits erwähnt – mit der Moralphilosophie gleichzusetzen ist, repräsentiert am Ende denjenigen Teil der Ethik, an den während der letzten Jahrzehnte beinahe ausschließlich gedacht wurde, wenn von »Ethik« die Rede war.[308]

Hinter diesem Umstand verbirgt sich ein eigentliches Problem, welches darin besteht, dass man die strebensethischen Bemühungen seit den philosophisch-ethischen Anfängen in der Antike zunehmend mit den Anstrengungen im Bereich der Sollensethik amalgamiert hat. Indem der Begriff des wahren Interesses in die Diskussion eingeführt wurde, versuchte man zu zeigen, dass dasjenige, was der Mensch soll, identisch ist mit dem, was er will, wenn er nur erst einmal die tiefer liegenden metaphysischen Verhältnisse erkannt, die letzten Wahrheiten eingesehen hat.[309] So war die Ethik, insbesondere im Zeitalter der Antike, stets auf den Beweis ausgerichtet, dass ein wahrhaft gutes Leben identisch ist mit einem gerechten Leben.

Die Abkehr vom strebensethischen Konzept und die Hinwendung zur Sollensethik, wie sie in der jüngeren Ethikgeschichte beobachtet werden kann, verbindet Krämer mit dem

Namen von Immanuel Kant: Gemäß Krämers Verständnis hat Kant in seiner Ethik einen expliziten Mischtypus geschaffen, wobei Krämer bei all seiner Kritik an Kant diesem immerhin zugesteht, dass er bei seiner Gleichsetzung von Wollen und Sollen äußerst differenziert vorging. »Der Ethiker [...] muß sich zwischen dem Primat des Wollens oder des Sollens entscheiden. [...] Kant hat das Problem [...] durch einen metaphysischen Dualismus zu lösen versucht, dem zufolge der Mensch Bürger zweier Welten sei und als Vernunftwesen das wolle, was er als Sinnenwesen nur solle.«[310] Ein solches gesamtethisches Konzept ist aber nach der Auffassung von Krämer von vornherein zum Scheitern verurteilt: Der Versuch, die Deckungsgleichheit des Wollens und des Sollens nachzuweisen, läuft darauf hinaus, die Quadratur des Kreises zu demonstrieren. »Die moralische Grundsituation [...] ist primär durch das Urteil der Anderen definiert, dem sich der potentielle Akteur stellen muß [...]. Im strengen Sinne gibt es daher keine Privatmoral. Moralisches Sollen kann darum nicht a priori mit dem Eigenwollen koinzidieren, sondern steht dazu in einem charakteristischen Spannungsverhältnis.«[311] Unnachgiebig verteidigt das Sollen alles, was die Gemeinschaft als ihr Gut oder als ihre Werte anerkennt; während das Wollen unmittelbar allein das Gut des Individuums oder das für das jeweilige Individuum Wertvolle im Auge behält. Krämer spricht hier von einer Fundamentaldifferenz, die durch keine noch so intelligente und raffinierte Argumentationsstrategie überwunden werden kann. Eine vergleichbare Ansicht vertritt in dem Zusammenhang übrigens auch Robert Spaemann: »Der Wunsch nach Gelingen des eigenen Lebens kann der Ursprung der Idee der sittlichen Verantwortung nicht sein. Er kann allenfalls die Verwirklichung dieser Idee in sich aufnehmen. Aber die Evidenz beider Lebensimpulse scheint prinzipiell verschiedener Herkunft zu sein.«[312] Etwas moderater bezeichnet

Martin Seel schließlich dieses Phänomen als »Spannung zwischen Glück und Moral«[313] und präzisiert dabei in relativer Übereinstimmung mit Krämer: »Glück und Moral, dieses seltsame Paar, können nur miteinander auskommen, solange sie in Scheidung voneinander leben.«[314]

Weil aber sämtliche Versuche, die Kluft zwischen dem Wollen und dem Sollen zuzuschütten, notwendigerweise zum Scheitern verurteilt sind, kann es denn nach Krämer auch keine Ethik geben, die beide Gebiete gleichzeitig umfasst. »Der Hiat zwischen Gemeinwohl und Eigeninteresse ist prinzipiell nicht überbrückbar [...].«[315] Wenn das Individuum moralisch handelt, dann muss es immer etwas tun, was gegenüber dem eigenen Wollen ein Mehr, eine Zugabe ausmacht. »Moralisches Verhalten ist definiert durch Leistungen, die vom Eigeninteresse nicht abgedeckt werden und insofern überschießen.«[316] Die spezifisch moralische Haltung beinhaltet die Einklammerung und Hintanstellung der eigennützigen Zielsetzungen. Soweit die moralischen Normen in Form von Geboten und Verboten als das Gesollte gegen dasjenige antreten, was der Einzelne ursprünglich will, eignet ihnen der Beigeschmack des Fremden und des Nötigenden. »Die moralische Forderung [...] wird von Anderen, Dritten und zuletzt der Sozietät an uns herangetragen. Moral ist daher wesentlich sozionom und für den Geforderten heteronom und in diesem Sinne als externalistisch verfaßt zu betrachten.«[317] Aus diesem Grunde sieht sich der Einzelne nach Krämer unaufhörlich zu einer entsprechenden Grundentscheidung gezwungen.

Bei der Prägung der Begriffe »Strebensethik« und »Sollensethik« scheint Krämer nun an die Art und Weise gedacht zu haben, wie den einzelnen Menschen die betreffenden Ziele entgegentreten. »[...] in der Strebensethik ist das Gute als Handlungsziel gut für den Akteur selbst und synonym mit dem Gewollten und Erstrebten, in der Sollensethik dagegen ist gut das primär für die Anderen Gute und daher synonym mit dem Gesollten.«[318] Weil man nach Krämer nun aber weder die Strebensethik aus der Sollensethik noch die Sollensethik aus der Strebensethik heraus angehen und weil man auch keiner der beiden Ethiken die Vorherrschaft über die andere einräumen kann, bleibt nur die Realisation eines Konzeptes, das von der »Äquidignität von Wollen und Sollen«[319] ausgeht und dabei »Moralphilosophie und Strebensethik als zwei heterogene und autonome Zweige der Ethik in einem teils konkurrierenden, teils kooperativen Nebeneinander«[320] begreift. Nach Krämers Überzeugung kann die Disziplin der Ethik als Ganze nicht mehr von einem einzigen Prinzip her argumentieren: »Die Ethik ist darum notwendig bizentrisch angelegt [...].«[321] Weil die Ethik im Zuge der »Rehabilitierung der praktischen Philosophie« während der letzten Jahrzehnte vornehmlich als Moralphilosophie betrieben worden ist, sieht Krämer jetzt die Kernaufgabe der Ethiker im strebensethischen Bereich. Als weiteren Grund für diese Annahme führt er den Umstand an, dass sich die Mehrzahl der ethischen Fragen für das Individuum sowieso im Horizont des eigenen Strebens stellt. »Funktionsanalytisch betrachtet ist die Moralphilosophie streng genommen nur dort gefragt und bedeutungsvoll, wo Konflikte zwischen den eigenen und den fremden Interessen auftreten, während die Strebensethik für alle Aporien in der Realisierung des Eigeninteresses zuständig ist.«[322]

Da das strebensethische Gebiet nach Krämers Ansicht von der Philosophie seit Beginn der Neuzeit weitgehend gemieden und bis heute den Popularpsychologen zur rein technischen Behandlung überlassen worden ist, zielt schließlich auch das Projekt der integrativen Ethik primär auf »eine zeitgemäße Neuthematisierung der Strebensethik«[323] ab. Die Intentionen des krämerschen Projektes treffen sich im Übrigen an diesem Punkt mit dem vergleichbaren Unternehmen von Julia Annas' Buch *The Morality of Happiness.*[324]

Neben sämtlichen weiter oben vorgestellten moralphilosophischen Bereichsethiken gibt es eine Vielzahl von speziellen Strebensethiken. Ähnlich wie die angewandt-ethische Denkbewegung im moralphilosophischen Bereich beginnt auch die speziell-strebensethische Reflexion auf einer allgemeinen Ebene, und zwar mit »der materialen Zielklärung und Hinführung zu den jeweils richtigen und besseren Lebenszielen«[325]. Während es dabei auf dem Feld der Sollensethik um die Festsetzung und Begründung des Moralprinzips oder des höchsten Gutes geht, stehen bei der entsprechenden strebensethischen Bemühung der Sinn des Lebens und die Vorstellungen von einem guten bzw. gelungenen Leben zur Diskussion. In der Konsequenz wird dann dasjenige, was als Lebenssinn oder als Glück bestimmt worden ist, auf die zahlreichen Problemstellungen der verschiedenen Lebensbereiche angewandt und zu speziellen Strebensethiken ausdifferenziert. Die speziellen Strebensethiken thematisieren schließlich die systematische Sinn- und Glückssuche des Individuums im Fokus auf diverse Aspekte; sie haben hierbei das Erbe der Existenzphilosophie angetreten.[326] Im Bereich der angewandten Strebensethik sieht Krämer zuvorderst drei Themenkreise: das »Verhalten zur eigenen Gesundheit und Krankheit«[327], das Verhältnis zu den »sogenannten Außengütern«[328] sowie »die nichtmoralischen, strategischen oder sympathetischen, Aspekte des Umgangs mit anderen Menschen«[329].

Die Ausarbeitung einer speziellen Strebensethik erschöpft sich »in der Anleitung zur Wahl und Einübung der für die Zielrealisierung geeigneten Wege und Mittel«[330]. Im Zusammenhang der strebensethisch relevanten Mittel macht beispielsweise Pierre Hadot auf die »geistigen Übungen in der Antike«[331] aufmerksam, wobei er sich in erster Linie auf zwei Listen solcher

Übungen bezieht, die aus dem Umfeld der Stoiker stammen und sich bei Philon von Alexandria finden. Auf der ersten Liste werden sieben Übungen als Mittel der Realisierung ethischer Vorgaben genannt: »Untersuchung (zetesis), gründliche Prüfung (skepsis), Lektüre, Anhören, Wachsamkeit (prosoche), Selbstbeherrschung (enkrateia), Gleichgültigkeit gegenüber den gleichgültigen Dingen«. Die zweite der von Hadot zitierten Listen umfasst folgende Mittel: »Lektüre, Meditationsübungen (meletai), Therapie der Leidenschaften, Erinnerungen an das, was gut ist, Selbstbeherrschung (enkrateia) und Ausübung der Pflichten«[332]. Alle diese Mittel dienen letztlich dazu, das einmal durch die Ratio für sich eingesehene und anerkannte Prinzip im eigenen Leben umzusetzen. »Es geht darum, sich die Lebensregel (kanon) anzueignen, indem man sie in Gedanken auf die verschiedensten Lebensumstände bezieht, so wie man sich eine Grammatik- oder Arithmetikregel durch Übungen aneignet, die man auf Einzelfälle anwendet.«[333]

Bevor ich meine kurze Darstellung der verschiedenen Bereichsethiken nun beende, möchte ich zuletzt noch einige wenige Sätze zur pädagogischen Ethik anfügen. Der Ort dieser Ausführungen erklärt sich durch die Sonderstellung der pädagogischen Ethik auf der Schwelle zwischen Sollens- und Strebensethik. Die pädagogische Ethik hat zunächst gewisse Bezüge zur politischen Ethik, insofern sie als eine Art Grunddisziplin der Erziehungslehre die Ziele der Erziehung reflektiert und dabei auch darüber nachdenkt, was die Gemeinschaft von ihren mündigen Mitgliedern erwarten soll und berechtigterweise auch darf. Die pädagogische Ethik, bei der der Bereich Schule und Bildung im Zentrum steht, bemüht sich dabei einesteils um Normen, die von den Pädagoginnen und Pädagogen bei ihrer Arbeit einzuhalten sind, andernteils aber vor allem auch um Normen hinsichtlich der umfassenden Bildung von Schülerinnen und Schülern. Nach Anton Hügli ist die pädagogische Ethik in diesem zuletzt angesprochenen Kontext mit der Pädagogik insgesamt in eins zu setzen. Bedingung für diese Identifizierung ist allerdings, »dass man Ethik nicht mehr im neuzeitlichen Sinn versteht, als Sollensethik im Sinne Kants oder der Utilitaristen, sondern ihr den umfassenden Sinn zurückgibt, den sie in der Antike gehabt hat, eine Lehre des guten oder gelingenden Lebens zu sein und damit auch zuständig für die umfassende Frage, unter der alles pädagogische Tun und alle pädagogischen Inhalte stehen: Inwiefern und in welchem Sinn ist es für die jungen Menschen gut, mit eben diesen Inhalten konfrontiert und auf diese Weise erzogen zu werden?«[334] Eine umfassende Antwort auf diese Frage kann am Ende tatsächlich nur im Horizont beider ethischen Dimensionen gegeben werden – sowohl der sollensethischen als auch der strebensethischen Dimension.

Anhang

Anmerkungen

1 Zur Terminologie vgl.: Hans Krämer, Integrative Ethik, Frankfurt/M. 1992, S. 9-126.
2 Ebenda, S. 72.
3 Vgl. Annemarie Pieper, Einführung in die Ethik, 4. Aufl., Tübingen / Basel 2000, S. 86-88.
4 Otfried Höffe, Praktische Philosophie. Das Modell des Aristoteles, München/Salzburg 1971, S. 94.
5 Ders., Sittlich-politische Diskurse, Frankfurt/M. 1981, S. 16 f.
6 Ebenda, S. 15.
7 Ebenda.
8 Vgl. Konrad Ott, Vom Begründen zum Handeln. Aufsätze zur angewandten Ethik, Tübingen 1996, S. 71.
9 Jean-Claude Wolf, Die metaethische Krise, in: ders./Peter Schaber, Analytische Moralphilosophie, Freiburg/München 1998, S. 116.
10 Friedo Ricken, Allgemeine Ethik. Grundkurs Philosophie, Bd. 4, Stuttgart u.a. 1983, S. 14.
11 Annemarie Pieper, Einführung in die Ethik, a.a.O., S. 32.
12 Ebenda, S. 43.
13 Norbert Hoerster, Ethik und Moral, in: Texte zur Ethik, hg. von Dieter Birnbacher/Norbert Hoerster, 7. Aufl., München 1989, S. 19.
14 Vgl. dazu u.a.: Kurt Bayertz, Praktische Philosophie als angewandte Ethik, in: ders. (Hg.), Praktische Philosophie. Grundorientierungen angewandter Ethik, Reinbek 1991, S. 27-33.
15 Vgl. dazu: Andreas Graeser, Philosophie und Ethik, Düsseldorf 1999, S. 103-110.
16 Kurt Bayertz, Praktische Philosophie als angewandte Ethik, a.a.O., S. 23.
17 Hans Krämer, Integrative Ethik, a.a.O., S. 373.
18 Ebenda, S. 265.
19 Vgl. z.B. ebenda, S. 261.

20 Hans Jonas, Das Prinzip Verantwortung. Versuch einer Ethik für die technologische Zivilisation, Frankfurt/M. 1984, S. 26-30.

21 Ebenda, S. 27.

22 Ebenda.

23 Ebenda.

24 Alfred Schöpf, Gewissen, in: Lexikon der Ethik, hg. von Otfried Höffe, 5. Aufl., München 1997, S. 106.

25 Ebenda, S. 106 f.

26 Immanuel Kant, Die Metaphysik der Sitten, in: ders., Gesammelte Schriften, Akademie-Textausgabe, Bd. 6, Berlin 1968, S. 438; vgl. Paulus, Röm. 2, 14 f.

27 Vgl. Stefan Hübsch, Philosophie und Gewissen. Beiträge zur Rehabilitierung des philosophischen Gewissensbegriffs, Göttingen 1995, S. 22-31.

28 Erich Fromm, Psychoanalyse und Ethik. Bausteine zu einer humanistischen Charakterologie, 5. Aufl., München 1995, S. 114.

29 Lawrence Kohlberg, Die Psychologie der Moralentwicklung, Frankfurt/M. 1996, S. 26.

30 Sigmund Freud, Abriß der Psychoanalyse, Frankfurt/M. 1988, S. 10.

31 Vgl. Urs Thurnherr, Die Ästhetik der Existenz. Über den Begriff der Maxime und die Bildung von Maximen bei Kant, Tübingen/Basel 1994, S. 78-81.

32 Sigmund Freud, Das Ich und das Es. Und andere metapsychologische Schriften, Frankfurt/M. 1978, S. 181.

33 Immanuel Kant, Kritik der Urteilskraft, in: ders., Gesammelte Schriften, a.a.O., Bd. 5, S. 179.

34 Vgl. z.B.: Kurt Bayertz, Praktische Philosophie als angewandte Ethik, a.a.O., S. 13 ff.; Johannes Rohbeck, Technologische Urteilskraft. Zu einer Ethik technischen Handelns, Frankfurt/M. 1993, S. 272.

35 Vgl. z.B. auch: Kurt Bayertz, Praktische Philosophie als angewandte Ethik, a.a.O., S. 9.

36 Ebenda, S. 36.

37 Ebenda.

38 Vgl. Immanuel Kant, Reflexionen zur Anthropologie, in: ders., Gesammelte Schriften, a.a.O., Bd. 15/2, S. 873; vgl. dazu: Urs Thurnherr, Die Ästhetik der Existenz, a.a.O., S. 121-131.

39 Immanuel Kant, Anthropologie in pragmatischer Hinsicht, in: ders., Gesammelte Schriften, a.a.O., Bd. 7, S. 140.

40 Hans Mohr, Evolutionäre Ethik als biologische Theorie, in: Wilhelm Lütterfelds/Thomas Mohrs (Hg.), Evolutionäre Ethik zwischen Naturalismus und Idealismus. Beiträge zu einer modernen Theorie der Moral, Darmstadt 1993, S. 19.

41 Michael Ruse, Noch einmal: Die Ethik der Evolution, in: Kurt Bayertz (Hg.), Evolution und Ethik, Stuttgart 1993, S. 163.

42 Zu den Positionen innerhalb der evolutionären Ethik vgl.: Thomas Mohrs, Evolutionäre Ethik zwischen Naturalismus und Idealismus – ein fruchtbarer Streit?, in: Wilhelm Lütterfelds/Thomas Mohrs (Hg.), Evolutionäre Ethik zwischen Naturalismus und Idealismus. Beiträge zu einer modernen Theorie der Moral, Darmstadt 1993, S. 2.

43 Kurt Bayertz, Der evolutionäre Naturalismus in der Ethik, in: Wilhelm Lütterfelds/Thomas Mohrs (Hg.), Evolutionäre Ethik zwischen Naturalismus und Idealismus. Beiträge zu einer modernen Theorie der Moral, Darmstadt 1993, S. 165.

44 Vgl. Edgar Morscher, Was ist und was soll Evolutionäre Ethik?, in: Conceptus XX (1986), Nr. 49, S. 73-77.

45 Annemarie Pieper, Evolutionäre Ethik, in: Annemarie Pieper/Urs Thurnherr (Hg.), Angewandte Ethik. Eine Einführung, München 1998, S. 261.

46 Immanuel Kant, Kritik der Urteilskraft, a.a.O., S. 294.

47 Otfried Höffe, Moral als Preis der Moderne. Ein Versuch über Wissenschaft, Technik und Umwelt, Frankfurt/M. 1993, S. 256.

48 Vgl. z.B.: Gerd B. Achenbach, Philosophische Praxis, 2. Aufl., Köln 1987, S. 6.

49 Vgl. Alexander Dill, Philosophische Praxis, Frankfurt/M. 1990, S. 47.

50 Vgl. dazu: Kurt Bayertz, Praktische Philosophie als angewandte Ethik, a.a.O., S. 43 f.; Urs Thurnherr, Philosophische Praxis, in: Annemarie Pieper/Urs Thurnherr (Hg.), Angewandte Ethik. Eine Einführung, München 1998, S. 370-374.

51 Konrad Ott, Vom Begründen zum Handeln, a.a.O., S. 57.

52 Vgl. z.B. in Bezug auf den medizinischen Bereich: Wolfgang Wieland, Strukturwandel der Medizin und ärztliche Ethik, Heidelberg 1986, S. 41-55; ders., Strukturtypen ärztlichen Handelns, in: Hans-Martin Sass (Hg.), Medizin und Ethik, Stuttgart 1989, S. 69-95.

53 Ders., Strukturtypen ärztlichen Handelns, a.a.O., S. 92.

54 Helga Kuhse, Neue Reproduktionstechnologien: Ethischer Konflikt

und das Problem des Konsenses, in: Kurt Bayertz (Hg.), Moralischer Konsens. Technische Eingriffe in die menschliche Fortpflanzung als Modellfall, Frankfurt/M. 1996, S. 99.

55 Vgl. dazu: Jonathan D. Moreno, Konsens durch Kommissionen: Philosophische und soziale Aspekte von Ethik-Kommissionen, in: Kurt Bayertz (Hg.), Moralischer Konsens. Technische Eingriffe in die menschliche Fortpflanzung als Modellfall, Frankfurt/M. 1996, S. 179-202.

56 Vgl. u.a.: Klaus Peter Rippe, Ethikkommissionen als Expertengremien? Das Beispiel der Eidgenössischen Ethikkommission, in: ders. (Hg.), Angewandte Ethik in der pluralistischen Gesellschaft, Freiburg/Ue. 1999, S. 362.

57 Ebenda, S. 360.

58 Annemarie Pieper, Gibt es eine feministische Ethik?, München 1998, S. 25.

59 Vgl. dies., Feministische Ethik, in: Annemarie Pieper/Urs Thurnherr (Hg.), Angewandte Ethik. Eine Einführung, München 1998, S. 341.

60 Vgl. Julian Nida-Rümelin, Theoretische und angewandte Ethik. Paradigmen, Begründungen, Bereiche, in: ders., Angewandte Ethik. Die Bereichsethiken und ihre theoretische Fundierung. Ein Handbuch, Stuttgart 1996, S. 63-69.

61 Vgl. z.B.: Bettina Schöne-Seifert, Medizinethik, in: Julian Nida-Rümelin (Hg.), Angewandte Ethik. Die Bereichsethiken und ihre theoretische Fundierung. Ein Handbuch, Stuttgart 1996, S. 554 f.

62 Vgl. z.B.: Ralf Stoecker, Der Hirntod. Ein medizinethisches Problem und seine moralphilosophische Transformation, Freiburg/München 1999, S. 33.

63 Vgl. Hanns P. Wolff, Arzt und Patient, in: Hans-Martin Sass (Hg.), Medizin und Ethik, Stuttgart 1989, S. 184-211.

64 H. Tristram Engelhardt, Zielkonflikte in nationalen Gesundheitssystemen, in: Hans-Martin Sass (Hg.), Ethik und öffentliches Gesundheitswesen. Ordnungsethische und ordnungspolitische Einflußfaktoren im öffentlichen Gesundheitswesen, Berlin u.a. 1988, S. 41 f.

65 Vgl. Christoph Rehmann-Sutter, Neues Ausbildungskonzept in Medizinethik an der Uni Basel: Erste Erfahrungen, in: Bioethica (1999), Nr. 28.

66 Vgl. ebenda, S. 3. Vgl. ferner: Norman Daniels, Justice and Justification. Reflective Equilibrium in Theory and Practice, Cambridge 1996, S. 344.

67 Christoph Rehmann-Sutter, Neues Ausbildungskonzept in Medizinethik an der Uni Basel: Erste Erfahrungen, a.a.O., S. 6.

68 Ebenda, S. 5.

69 Ebenda.

70 Ebenda.

71 Hans-Martin Sass, Medizinethik, in: Annemarie Pieper/Urs Thurnherr, Angewandte Ethik. Eine Einführung, München 1998, S. 99.

72 Christoph Rehmann-Sutter, Neues Ausbildungskonzept in Medizinethik an der Uni Basel: Erste Erfahrungen, a.a.O., S. 5.

73 Tony Hope/K. William M. Fulford/Anne Yates, The Oxford Practice
Skills Course. Ethics, Law, and Communication Skills in Health Care
Education, Oxford u.a. 1996, S. 139-142.

74 Vgl. Tom L. Beauchamp/James F. Childress, Principles of Biomedical
Ethics, 4. Aufl., New York/Oxford 1994, S. 104-106.

75 Vgl. K. Danner Clouser/Bernard Gert, A Critique of Principlism, in:
The Journal of Medicine and Philosophy 15 (1990), S. 219-236. – Eine
kurze Darstellung der Diskussion findet sich in: Bettina Schöne-Seifert, Medizinethik, a.a.O., S. 561-564.

76 Vgl. Hans-Martin Sass, Ethik, Bioethik, Medizinethik, in: ders. (Hg.),
Bioethik in den USA. Methoden, Themen, Positionen. Mit besonderer Berücksichtigung der Problemstellungen in der BRD, Berlin u.a.
1988, S. 24.

77 Bernhard Irrgang, Genethik, in: Julian Nida-Rümelin (Hg.), Angewandte Ethik. Die Bereichsethiken und ihre theoretische Fundierung. Ein Handbuch, Stuttgart 1996, S. 526.

78 Vgl. Ernst-Ludwig Winnacker, Das Genom. Möglichkeiten und Grenzen der Genforschung, Frankfurt/M. 1996, S. 26.

79 Vgl. Ruth Faden, Genomanalyse, Sozialmedizin und Gesundheitspo-
litik, in: Hans-Martin Sass (Hg.), Bioethik in den USA. Methoden,
Themen, Positionen. Mit besonderer Berücksichtigung der Problemstellungen in der BRD, Berlin u.a. 1988, S. 191 f.

80 Vgl. ebenda, S. 192-201.

81 Ebenda, S. 194.

82 Vgl. Bernhard Irrgang, Genethik, a.a.O., S. 537.

83 Karl Jaspers, Philosophie I. Philosophische Weltorientierung, 4. Aufl.,
Berlin u.a. 1973, S. 123.

84 Bernhard Irrgang, Genethik, a.a.O., S. 546.

85 Dieter Birnbacher, Genomanalyse und Gentherapie, in: Hans-Martin Sass (Hg.), Medizin und Ethik, Stuttgart 1989, S. 213.

86 Ebenda, S. 221.

87 William K. Frankena, Analytische Ethik. Eine Einführung, 5. Aufl., München 1994, S. 32.

88 Helmut Fahrenbach, Deontologie, in: Joachim Ritter (Hg.), Historisches Wörterbuch der Philosophie, Bd. 2, Basel/Stuttgart 1972, Sp. 114.

89 Jeremy Bentham, Eine Einführung in die Prinzipien der Moral und der Gesetzgebung, in: Otfried Höffe (Hg.), Einführung in die utilitaristische Ethik. Klassische und zeitgenössische Texte, 2. Aufl., Tübingen 1992, S. 56.

90 Joseph S. Levine/David Suzuki, Das Lebensmolekül. Erfolge der medizinischen Genetik, München 1996, S. 8.

91 Vgl. Ernst-Ludwig Winnacker, Das Genom, a.a.O., S. 18 f.

92 Ebenda, S. 39.

93 Vgl. ebenda, S. 53.

94 Basler Zeitung, 20. 7. 1988, S. 12.

95 Hans Jonas, Das Prinzip Verantwortung. Versuch einer Ethik für die technologische Zivilisation, Frankfurt/M. 1984, S. 62 f.

96 Ebenda, S. 63 f.

97 Ebenda, S. 64.

98 Vgl. dazu: Bernhard Irrgang, Genethik, a.a.O., S. 517 f.

99 Peter Singer, Praktische Ethik, 2. Aufl., Stuttgart 1994, S. 93.

100 Vgl. u.a.: James Rachels, Created from Animals. The Moral Implications of Darwinism, Oxford/New York 1990.

101 Vgl. René Descartes, Discours de la Méthode, übers. und hg. von Luder Gäbe, Hamburg 1969, S. 91-95.

102 Ebenda, S. 95.

103 Vgl. Immanuel Kant, Grundlegung zur Metaphysik der Sitten, a.a.O., S. 428.

104 Ebenda, S. 429.

105 Ders., Eine Vorlesung über Ethik, hg. von Gerd Gerhardt, Frankfurt/M. 1990, S. 256.

106 Vgl. ders., Die Metaphysik der Sitten, a.a.O., S. 443.

107 Leonard Nelson, System der philosophischen Ethik und Pädagogik, in: ders., Gesammelte Schriften in neun Bänden, Bd. 5, 3. Aufl., Hamburg 1970, S. 162 f.

108 Ebenda, S. 163.

109 Joel Feinberg, Die Rechte der Tiere und zukünftiger Generationen, in: Dieter Birnbacher (Hg.), Ökologie und Ethik, Stuttgart 1986, S. 151.

110 Vgl. auch Jean-Claude Wolf, Tierethik. Neue Perspektiven für Menschen und Tiere, Freiburg 1992, S. 58.

111 Joel Feinberg, Die Rechte der Tiere und zukünftiger Generationen, a.a.O., S. 153.

112 Vgl. z.B.: Marian Stamp Dawkins, Die Entdeckung des tierischen Bewußtseins, Heidelberg/Berlin/Oxford 1994; Dorothy L. Cheney/Robert M. Seyfarth, Wie Affen die Welt sehen, München/Wien 1994; Donald R. Griffin, Wie Tiere denken. Ein Vorstoß ins Bewußtsein der Tiere, 2. Aufl., München 1991; Bernard E. Rollin, The Unheeded Cry. Animal Consciousness, Animal Pain and Science, Oxford/New York 1990.

113 Vgl. Marian Stamp Dawkins, Die Entdeckung des tierischen Bewußtseins, a.a.O., S. 101 f.

114 Jeffrey M. Masson/Susan McCarthy, Wenn Tiere weinen, Reinbek 1996, S. 306.

115 Marian Stamp Dawkins, Die Entdeckung des tierischen Bewußtseins, a.a.O., S. 235.

116 Vgl. Peter Singer, Praktische Ethik, a.a.O., S. 82-114.

117 Ders., Befreiung der Tiere. Eine neue Ethik zur Behandlung der Tiere, München 1982, S. 26.

118 Vgl. Jean-Claude Wolf, Tierethik, a.a.O., S. 11-56.

119 James Rachels, Created from Animals, a.a.O., S. 79.

120 Jeremy Bentham, Eine Einführung in die Prinzipien der Moral und der Gesetzgebung, a.a.O., S. 56.

121 Ders., An Introduction to the Principles of Morals and Legislation, hg. von James Henderson Burns/Herbert Lionel Adolphus Hart, London 1970, S. 283.

122 Vgl. Jeffrey M. Masson/Susan McCarthy, Wenn Tiere weinen, a.a.O.

123 Ludwig Feuerbach, Das Wesen des Christentums, Stuttgart 1969, S. 51.

124 Vgl. Dieter Birnbacher, Mensch und Natur. Grundzüge der ökologischen Ethik, in: Kurt Bayertz (Hg.), Praktische Philosophie. Grundorientierungen angewandter Ethik, Reinbek 1991, S. 279; Angelika

Krebs, Naturethik im Überblick, in: dies. (Hg.), Naturethik. Grundtexte der gegenwärtigen tier- und ökoethischen Diskussion, Frank-
furt/M. 1997, S. 340 f.

125 Robert Spaemann, Technische Eingriffe in die Natur als Problem der
politischen Ethik, in: Dieter Birnbacher (Hg.), Ökologie und Ethik,
Stuttgart 1986, S. 197.

126 Vgl. Klaus Michael Meyer-Abich, Wege zum Frieden mit der Natur,
München/Wien 1984.

127 Hans Jonas, Das Prinzip Verantwortung, a.a.O., S. 36.

128 Vgl. Volker Hauff (Hg.), Unsere gemeinsame Zukunft. Der Brundtland-Bericht der Weltkommission für Umwelt und Entwicklung,
Greven 1987.

129 Vgl. z.B.: Dieter Birnbacher, Verantwortung für zukünftige Generationen, Stuttgart 1988.

130 Anton Leist, Ökologische Ethik II, in: Julian Nida-Rümelin (Hg.),
Angewandte Ethik. Die Bereichsethiken und ihre theoretische Fun-
dierung. Ein Handbuch, Stuttgart 1996, S. 388. Vgl. Otfried Höffe,
Moral als Preis der Moderne, a.a.O., S. 172-195.

131 Vgl. Kurt Bayertz, Praktische Philosophie als angewandte Ethik,
a.a.O., S. 37-40.

132 Vgl. Robin Attfield, The Ethics of Environmental Concern, 2. Aufl.,
Athens/London 1991; Paul W. Taylor, Respect for Nature. A
Theory of Environmental Ethics, Princeton 1986.

133 Vgl. Arne Naess, Die tiefenökologische Bewegung. Einige philosophische Aspekte, in: Angelika Krebs (Hg.), Naturethik. Grundtexte
der gegenwärtigen tier- und ökoethischen Diskussion, Frankfurt/M.
1997, S. 182-210.

134 Eine Gesamtdarstellung und Diskussion der unterschiedlichen ökologieethischen Ansätze findet sich u.a. in: Dieter Birnbacher, Mensch
und Natur, a.a.O., S. 278-321; Angelika Krebs, Naturethik im Überblick, a.a.O., S. 337-379; Andreas Brenner, Ökologie-Ethik, Leipzig
1996, S. 10-19; Konrad Ott, Ökologie und Ethik. Ein Versuch praktischer Philosophie, 2. Aufl., Tübingen 1994, S. 114-168.

135 Konrad Ott, Vom Begründen zum Handeln, a.a.O., S. 74.

136 Ebenda, S. 75.

137 Ebenda, S. 76.

138 Vgl. ebenda, S. 79.

139 Ebenda, S. 74. – Vgl. ders., Ökologie und Ethik, a.a.O., S. 169 ff.

140 Vgl. Urs Thurnherr, Vernetzte Ethik, Freiburg/München 2000, 7. Kapitel.

141 Vgl. Annemarie Pieper, Einführung in die Ethik, a.a.O., S. 24-30.

142 Vgl. Friedrich Wilhelm Graf, Sozialethik, in: Historisches Wörterbuch der Philosophie, hg. von Joachim Ritter/Karlfried Gründer, Bd. 9, Basel 1995, Sp. 1134-1138; Richard Hauser, Individualethik, in: Historisches Wörterbuch der Philosophie, hg. von Joachim Ritter/Karlfried Gründer, Bd. 4, Basel/Stuttgart 1976, Sp. 287 f.

143 Otfried Höffe, Sozialethik, in: ders. (Hg.), Lexikon der Ethik, 5. Aufl., München 1997, S. 275.

144 Ders., Individuum, in: ders. (Hg.), Lexikon der Ethik, 5. Aufl., München 1997, S. 139.

145 Vgl. Jon Krakauer, In eisige Höhen. Das Drama am Mount Everest, 16. Aufl., München 1999, S. 304-308.

146 Ebenda, S. 307.

147 Immanuel Kant, Logik, in: ders., Gesammelte Schriften, a.a.O., Bd. 9, S. 25.

148 Ders., Grundlegung zur Metaphysik der Sitten, a.a.O., S. 416 (Anm.).

149 Vgl. Jürgen Habermas, Moralbewußtsein und kommunikatives Handeln, 5. Aufl., Frankfurt/M. 1992, S. 59.

150 John Leslie Mackie, Ethik. Auf der Suche nach dem Richtigen und Falschen, Stuttgart 1983, S. 104.

151 Vgl. ebenda, S. 104-130.

152 Ebenda, S. 108.

153 Die Bibel, Gesamtausgabe in der Einheitsübersetzung, Augsburg 1997, S. 954, Mt 7,12.

154 Vgl. John Leslie Mackie, Ethik, a.a.O., S. 112 f.

155 Ebenda, S. 112 f.

156 Ebenda, S. 113.

157 Ebenda, S. 114-117.

158 Ebenda, S. 114.

159 Ebenda, S. 116.

160 Ebenda, S. 117-123.

161 Ebenda, S. 117.

162 Ebenda.

163 Ebenda, S. 118.

164 Vgl. Urs Thurnherr, Vernetzte Ethik, a.a.O., 2. Kapitel.

165 Ferdinand Tönnies, Gemeinschaft und Gesellschaft. Grundbegriffe der reinen Soziologie, 3. Aufl. des Nachdruckes der 8. Aufl. von 1935, Darmstadt 1991, S. 4.

166 Ebenda. – Vgl. Hans Freyer, Theorie des gegenwärtigen Zeitalters, Stuttgart 1955, S. 79-93.

167 Joseph H. Fichter, Grundbegriffe der Soziologie, hg. von Erich Bodzenta, Wien/New York 1968, S. 85.

168 Theodor Geiger, Gesellschaft, in: Handwörterbuch der Soziologie, hg. von Alfred Vierkandt, Stuttgart 1931, S. 202.

169 Vgl. Manfred Riedel, Gemeinschaft, in: Historisches Wörterbuch der Philosophie, hg. von Joachim Ritter, Bd. 3, Basel/Stuttgart 1974, Sp. 239-243.

170 Peter Kaupp, Gesellschaft, in: Historisches Wörterbuch der Philosophie, hg. von Joachim Ritter, Bd. 3, Basel/Stuttgart 1974, Sp. 460.

171 Vgl. Die Zeit, Nr. 5, 28.1.1999, S. 28.

172 Vgl. Konrad Paul Liessmann, Angewandte Ethik. Von realer Ohnmacht und imaginierter Freiheit, in: Kursbuch 136, Schluß mit der Moral, Berlin 1999, S. 123.

173 Julian Nida-Rümelin, Politische Ethik I, in: ders. (Hg.), Angewandte Ethik. Die Bereichsethiken und ihre theoretische Fundierung, Stuttgart 1996, S. 144.

174 Vgl. Ulrich Beck, Was ist Globalisierung? Irrtümer des Globalismus – Antworten auf Globalisierung, 2. Aufl., Frankfurt/M. 1997.

175 Ebenda, S. 26.

176 Vgl. Otfried Höffe, Demokratie im Zeitalter der Globalisierung, München 1999, S. 153-189.

177 Ebenda, S. 173.

178 Ebenda, S. 296-314.

179 Immanuel Kant, Über den Gemeinspruch: Das mag in der Theorie richtig sein, taugt aber nicht für die Praxis, in: ders., Gesammelte Schriften, a.a.O., Bd. 8, S. 290.

180 Michael Sandel, Die verfahrensrechtliche Republik und das ungebundene Selbst, in: Axel Honneth (Hg.), Kommunitarismus. Eine Debatte über die moralischen Grundlagen moderner Gesellschaften, 3. Aufl., Frankfurt/M./New York 1995, S. 24.

181 John Rawls, Eine Theorie der Gerechtigkeit, Frankfurt/M. 1979, S. 81.

182 Vgl. Michael Sandel, Die verfahrensrechtliche Republik und das ungebundene Selbst, a.a.O., S. 29.

183 Vgl. Gerhard Schick/Andreas Renner, Liberalismus versus Kommunitarismus – ein falsches Gegensatzpaar?, in: Klaus Beckmann/Tho-
mas Mohrs/Martin Werding (Hg.), Individuum versus Kollektiv.
Der Kommunitarismus als »Zauberformel«?, Frankfurt/M. u.a. 2000,
S. 204.

184 Vgl. hierzu: Wolfgang Kersting, Die Liberalismus-Kommunitarismus-
Kontroverse in der amerikanischen politischen Philosophie, in: Politisches Denken – Jahrbuch 1991, hg. von Volker Gerhardt/Henning
Ottmann/Martyn P. Thompson, Stuttgart 1991, S. 82-102; Micha
Brumlik/Hauke Brunkhorst (Hg.), Gemeinschaft und Gerechtigkeit, Frankfurt/M. 1993; Christel Zahlmann (Hg.), Kommunitarismus in der Diskussion. Eine streitbare Einführung, Hamburg 1994;
Axel Honneth (Hg.), Kommunitarismus. Eine Debatte über die
moralischen Grundlagen moderner Gesellschaften, 3. Aufl., Frank-
furt/M./New York 1995; Walter Reese-Schäfer, Was ist Kommuta-
rismus?, 2. Aufl., Frankfurt/M./New York 1995; Otfried Höffe, Der
Kommunitarismus als Alternative? Nachbemerkungen zur Kritik
am moralisch-politischen Liberalismus, in: Zeitschrift für philosophische Forschung, Bd. 50, Heft 1/2, Januar-Juni 1996, S. 92-112.

185 Vgl. Michael J. Sandel, Liberalism and the Limits of Justice, 2. Aufl.,
Cambridge 1998.

186 Vgl. Alasdair MacIntyre, Der Verlust der Tugend. Zur moralischen
Krise der Gegenwart, Frankfurt/M./New York 1987.

187 Vgl. Michael Taylor, Community, Anarchy, and Liberty, Cambridge
1982.

188 Vgl. Michael Walzer, Sphären der Gerechtigkeit. Ein Plädoyer für
Pluralität und Gleichheit, Frankfurt/M./New York 1994.

189 Vgl. Benjamin Barber, Starke Demokratie. Über die Teilhabe am Politischen, Hamburg 1994.

190 Vgl. Charles Taylor, Philosophical Papers, Bd. 1: Human Agency and
Language; Bd. 2: Philosophy and the Human Sciences, Cambridge
1985. Dt. (in Auszügen): Negative Freiheit? Zur Kritik des neuzeitlichen Individualismus, 2. Aufl., Frankfurt/M. 1995.

191 Walter Reese-Schäfer, Was ist Kommunitarismus?, a.a.O., S. 19.

192 Beate Rössler, Gemeinschaft und Freiheit. Zum problematischen Ver-

hältnis von Feminismus und Kommunitarismus, in: Christel Zahl-mann (Hg.), Kommunitarismus in der Diskussion. Eine streitbare Einführung, Hamburg 1994, S. 74.

193 Vgl. ebenda, S. 74.

194 Michael J. Sandel, Liberalismus oder Republikanismus. Von der Not-wendigkeit der Bürgertugend, Wien 1995, S. 19.

195 Axel Honneth, Individualisierung und Gemeinschaft, in: Christel Zahlmann (Hg.), Kommunitarismus in der Diskussion. Eine streit-bare Einführung, Hamburg 1994, S. 17f.

196 Alasdair MacIntyre, Der Verlust der Tugend, a.a.O., S. 350.

197 Beate Rössler, Gemeinschaft und Freiheit, a.a.O., S. 74.

198 Vgl. z.B.: Wolfgang Kersting, Die Liberalismus-Kommunitarismus-Kontroverse in der amerikanischen politischen Philosophie, a.a.O., S. 83; Otfried Höffe, Der Kommunitarismus als Alternative? Nach-bemerkungen zur Kritik am moralisch-politischen Liberalismus, in: Zeitschrift für philosophische Forschung, Bd. 50, Heft 1/2, Januar-Juni 1996, S. 96.

199 Vgl. Amitai Etzioni, Die Entdeckung des Gemeinwesens. Ansprüche, Verantwortlichkeiten und das Programm des Kommunitarismus, Stuttgart 1995, S. 281-299; Dietrich Budäus/Gernot Grüning, Kom-munitarismus – eine Reformperspektive? Eine kritische Analyse kommunitaristischer Vorstellungen zur Gesellschafts- und Verwal-tungsreform, Berlin 1997, S. 27-44.

200 Amitai Etzioni, Die Entdeckung des Gemeinwesens, a.a.O., S. 290.

201 Beate Rössler, Gemeinschaft und Freiheit, a.a.O., S. 78.

202 Amitai Etzioni, Die Entdeckung des Gemeinwesens, a.a.O., S. 286.

203 Beate Rössler, Gemeinschaft und Freiheit, a.a.O., S. 79.

204 Dietmar v. d. Pfordten, Rechtsethik, in: Julian Nida-Rümelin (Hg.), Angewandte Ethik. Die Bereichsethiken und ihre theoretische Fun-dierung. Ein Handbuch, Stuttgart 1996, S. 204.

205 Vgl. ebenda, S. 210.

206 Günther Patzig, Ethik ohne Metaphysik, 2. Aufl., Göttingen 1983, S. 14f.

207 Vgl. ebenda, S. 9.

208 Ebenda, S. 11.

209 Ebenda.

210 Ebenda, S. 12.

211 Ebenda.

212 Wolfgang Wieland, Aporien der praktischen Vernunft, Frankfurt/M. 1989, S. 34.

213 Ebenda, S. 36.

214 Ebenda.

215 Ebenda, S. 42.

216 Vgl. Günter Ellscheid, Rechtsethik, in: Annemarie Pieper/Urs Thurnherr (Hg.), Angewandte Ethik. Eine Einführung, München 1998, S. 141.

217 Vgl. Wolfgang Wieland, Aporien der praktischen Vernunft, a.a.O., S. 44.

218 Vgl. Walther Ch. Zimmerli/Michael Aßländer, Wirtschaftsethik, in: Julian Nida-Rümelin, Angewandte Ethik. Die Bereichsethiken und ihre theoretische Fundierung. Ein Handbuch, Stuttgart 1996, S. 308-312.

219 Vgl. hierzu: Roman C. Mühlbauer, Ich will wissen was ich esse. »Safer Food«, Bern/Stuttgart o.J., S. 26 f.

220 Prüf mit, Zeitschrift des Konsumentinnenforums, Heft Nr. 5, 1995.

221 Eduard Spranger, Lebensformen. Geisteswissenschaftliche Psychologie und Ethik der Persönlichkeit, 9. Aufl., Tübingen 1966, S. 147.

222 Ebenda, S. 148.

223 Immanuel Kant, Anthropologie in pragmatischer Hinsicht, a.a.O., S. 321.

224 Max Horkheimer, Zur Kritik der instrumentellen Vernunft, in: ders., Gesammelte Schriften, Bd. 6, Frankfurt/M. 1991, S. 27.

225 Ebenda.

226 Vgl. Herbert Schnädelbach, Vernunft und Geschichte. Vorträge und Abhandlungen, Frankfurt/M. 1987, S. 72.

227 Max Horkheimer, Zur Kritik der instrumentellen Vernunft, a.a.O., S. 31.

228 Primo Levi, Ist das ein Mensch? Ein autobiographischer Bericht, 2. Aufl., München 1993, S. 84.

229 Vgl. Peter Ulrich, Integrative Wirtschaftsethik. Grundlagen einer lebensdienlichen Ökonomie, Bern/Stuttgart/Wien 1997, S. 207-233.

230 Ebenda, S. 233.

231 Klaus Wiegerling, Medienethik, Stuttgart/Weimar 1998, S. 3.

232 Ebenda.

233 Vgl. Michael Haller, Die Journalisten und der Ethikbedarf, in: ders./

Helmut Holzhey (Hg.), Medien-Ethik. Beschreibungen, Analysen, Konzepte für den deutschsprachigen Journalismus, Opladen 1992, S. 199.

234 Ebenda, S. 200.

235 Ebenda, S. 203.

236 Vgl. Andreas Wittwen, Infotainment. Fernsehnachrichten zwischen Information und Unterhaltung, Bern u.a. 1995.

237 Siegfried Weischenberg/Armin Scholl, Konstruktivismus und Ethik im Journalismus, in: Gebhard Rusch/Siegfried J. Schmidt (Hg.), Konstruktivismus und Ethik, Frankfurt/M. 1995, S. 220.

238 Ebenda, S. 221.

239 Ebenda.

240 Ebenda.

241 Vgl. Arnold Künzli, Vom Können des Sollens. Wie die Ethik unter den Zwängen der Ökonomie zur Narrenfreiheit verkommt, in: Michael Haller/Helmut Holzhey (Hg.), Medien-Ethik. Beschreibungen, Analysen, Konzepte für den deutschsprachigen Journalismus, Opladen 1992, S. 280-293.

242 Vgl. Immanuel Kant, Kritik der Urteilskraft, a.a.O., S. 294 f.

243 Vgl. ebenda, S. 294.

244 Ebenda.

245 Otfried Höffe, Moral als Preis der Moderne, a.a.O., S. 256.

246 Immanuel Kant, Kritik der Urteilskraft, a.a.O., S. 294.

247 Ders., Prolegomena, in: ders., Gesammelte Schriften, Bd. 4, Berlin 1968, S. 349.

248 Vgl. Johannes Rohbeck, Technologische Urteilskraft. Zu einer Ethik technischen Handelns, Frankfurt/M. 1993, S. 19.

249 Ebenda, S. 21.

250 Ebenda.

251 Ebenda, S. 246.

252 Vgl. Der Spiegel, Nr. 24, 14.6.1999, S. 38.

253 Eine entsprechende Übersicht findet sich in: Konrad Ott, Technik und Ethik, in: Julian Nida-Rümelin, Angewandte Ethik. Die Bereichsethiken und ihre theoretische Fundierung. Ein Handbuch, Stuttgart 1996, S. 673-705.

254 Schweizerische Akademie der technischen Wissenschaften, Ethik für Ingenieure/technische Wissenschaftler, Zürich 1994, S. 10.

255 Max Weber, Politik als Beruf, Stuttgart 1992, S. 70 f.

256 Duden. Deutsches Universalwörterbuch, 3. Aufl., Mannheim u.a. 1996, S. 1632.

257 Hans Lenk, Zwischen Wissenschaft und Ethik, Frankfurt/M. 1992, S. 26.

258 Ebenda, S. 27.

259 Günter Ropohl, Technikethik, in: Annemarie Pieper/Urs Thurnherr (Hg.), Angewandte Ethik. Eine Einführung, München 1998, S. 272.

260 Christoph Hubig, Technik- und Wissenschaftsethik. Ein Leitfaden, 2. Aufl., Berlin u.a. 1995, S. 73.

261 Hans Lenk, Zwischen Wissenschaft und Ethik, a.a.O., S. 81 f.

262 Vgl. Kurt Bayertz (Hg.), Verantwortung. Prinzip oder Problem?, Darmstadt 1995, S. VII.

263 Vgl. Christoph Hubig (Hg.), Ethik institutionellen Handelns, Frankfurt/M./New York 1982.

264 Ders., Technikbewertung auf der Basis einer Institutionenethik, in: Hans Lenk/Günter Ropohl (Hg.), Technik und Ethik, 2. Aufl., Stuttgart 1993, S. 285; vgl. dazu: ders., Technik- und Wissenschaftsethik, a.a.O., S. 103.

265 Vgl. Hans-Jörg Bullinger (Hg.), Technikfolgenabschätzung (TA), Stuttgart 1994.

266 Vgl. Christoph Hubig, Technik- und Wissenschaftsethik, a.a.O., S. 75-100.

267 Ebenda, S. 78.

268 Werner Heisenberg, Der Teil und das Ganze. Gespräche im Umkreis der Atomphysik, München 1969, S. 267.

269 Vgl. Die Zeit, Nr. 6, 2.2.1990, S. 40.

270 Vgl. Wilhelm Dilthey, Die Entstehung der Hermeneutik, in: ders., Gesammelte Schriften, Bd. 5, Leipzig/Berlin 1924, S. 317-338.

271 Vgl. Alan Sokal, Die Grenzen überschreiten – Auf dem Weg zu einer transformativen Hermeneutik der Quantengravitation, in: ders./Jean Bricmont, Eleganter Unsinn. Wie die Denker der Postmoderne die Wissenschaften mißbrauchten, München 1999, S. 262-309.

272 Ebenda, S. 262.

273 Ebenda.

274 Ebenda.

275 Ebenda.

276 Ebenda, S. 263.

277 Ebenda.

278 Vgl. Jürgen Mittelstraß (Hg.), Enzyklopädie Philosophie und Wissenschaftstheorie, Bd. 1, Stuttgart/Weimar 1995, S. 635 f.

279 Vgl. Paul Feyerabend, Wider den Methodenzwang. Skizze einer anarchistischen Erkenntnistheorie, 7. Aufl., Frankfurt/M. 1999.

280 Alan Sokal/Jean Bricmont, Eleganter Unsinn, a.a.O., S. 233 f.

281 Ebenda, 235 f.

282 Jürgen Mittelstraß, Wissenschaft als Lebensform. Reden über philosophische Orientierungen in Wissenschaft und Universität, Frankfurt/M. 1982, S. 16.

283 Ebenda, S. 19.

284 Ebenda, S. 28.

285 Vgl. Katharina Kaminski/Gerald Machenthun (Hg.), Individualpsychologie auf neuen Wegen. Grundbegriffe – Individualpsychologie als angewandte Ethik – Psychotherapie – Charakterkunde, Würzburg 1997.

286 Vgl. Urs Thurnherr, Philosophische Praxis, a.a.O., S. 366.

287 Alfred Schöpf, Psychologische Ethik, in: Annemarie Pieper/Urs Thurnherr (Hg.), Angewandte Ethik. Eine Einführung, München 1998, S. 131.

288 Vgl. z.B.: Asmus Finzen, Die Anmaßung einer neuen Euthanasie, in: FAZ, Nr. 61, 13. 3. 2000, S. 52.

289 Manual für exit-Mitglieder, die gemäß den von exit vorausgesetzten Bedingungen als Schwerstkranke, resp. unzumutbar Behinderte, den Freitod in Erwägung ziehen, 6. Aufl., Zürich 1997, S. 10.

290 Ebenda.

291 Vgl. hierzu: Josef Schuster, Sterbehilfe, in: Lexikon der Bioethik, Bd. 3, Gütersloh 1998, S. 445-454.

292 Wolfgang Wieland, Aporien der praktischen Vernunft, a.a.O., S. 14.

293 Ebenda, S. 13.

294 Ebenda, S. 15 f.

295 Ebenda, S. 16.

296 Ebenda, S. 18.

297 Ebenda, S. 24.

298 Vgl. Konrad Ott, Vom Begründen zum Handeln, a.a.O., S. 54.

299 Vgl. Hans Krämer, Integrative Ethik, a.a.O., S. 72.

300 Ebenda, S. 83.

301 Ebenda, S. 75.

302 Wilhelm Kamlah, Philosophische Anthropologie. Sprachkritische Grundlegung und Ethik, Mannheim/Wien/Zürich 1972, S. 94.

303 Ebenda, S. 144.

304 Hans Krämer, Integrative Ethik, a.a.O., S. 84.

305 Ebenda, S. 395.

306 Vgl. ebenda, S. 86.

307 Vgl. ebenda.

308 Vgl. z.B.: Ernst Tugendhat, Vorlesungen über Ethik, Frankfurt/M. 1993, S. 39.

309 Vgl. Hans Krämer, Integrative Ethik, a.a.O., S. 9f.

310 Ebenda, S. 14.

311 Ebenda, S. 28.

312 Robert Spaemann, Glück und Wohlwollen. Versuch über Ethik, 3. Aufl., Stuttgart 1993, S. 94.

313 Martin Seel, Versuch über die Form des Glücks. Studien zur Ethik, Frankfurt/M. 1995, S. 13-48.

314 Ebenda, S. 48.

315 Hans Krämer, Integrative Ethik, a.a.O., S. 40.

316 Ebenda, S. 42.

317 Ebenda, S. 43.

318 Ebenda, S. 79.

319 Ebenda, S. 98.

320 Ebenda, S. 120.

321 Ebenda, S. 122.

322 Ebenda, S. 118. Vgl. dazu etwa: Richard Rorty, Kontingenz, Ironie und Solidarität, 3. Aufl., Frankfurt/M. 1995, S. 161.

323 Hans Krämer, Integrative Ethik, a.a.O., S. 79.

324 Julia Annas, The Morality of Happiness, New York/Oxford 1993. Vgl. auch: Klaus Dehner, Lust an Moral. Die natürliche Sehnsucht nach Wert, Darmstadt 1998.

325 Hans Krämer, Integrative Ethik, a.a.O., S. 104.

326 Vgl. ebenda, S. 196.

327 Ebenda, S. 282.

328 Ebenda, S. 289.

329 Ebenda, S. 291.

330 Ebenda, S. 104.
331 Pierre Hadot, Philosophie als Lebensform. Geistige Übungen in der Antike, Berlin 1991.
332 Ebenda, S. 16.
333 Ebenda, S. 18.
334 Anton Hügli, Philosophie und Pädagogik, Darmstadt 1999, S. 193.

Literaturhinweise

1. Allgemeine Ethik

Wolfgang Bender, Ethische Urteilsbildung, Stuttgart u.a. 1988.

Heiner Hastedt/Ekkehard Martens (Hg.), Ethik. Ein Grundkurs, Reinbek 1994.

Annemarie Pieper, Einführung in die Ethik, 4. Aufl., Tübingen/Basel 2000.

Friedo Ricken, Allgemeine Ethik. Grundkurs Philosophie 4, Stuttgart u.a. 1983.

Jean-Claude Wolf/Peter Schaber, Analytische Moralphilosophie, Freiburg/München 1998.

2. Angewandte Ethik

Brenda Almond (Hg.), Introducing applied ethics, Oxford (UK)/Cambridge (USA) 1995.

Kurt Bayertz (Hg.), Praktische Philosophie. Grundorientierungen angewandter Ethik, Reinbek 1991.

Edgar Morscher/Otto Neumaier/Peter Simons (Hg.), Applied Ethics in a Troubled World, Dordrecht/Boston/London 1998.

Julian Nida-Rümelin (Hg.), Angewandte Ethik. Die Bereichsethiken und ihre theoretische Fundierung. Ein Handbuch, Stuttgart 1996.

Annemarie Pieper/Urs Thurnherr (Hg.), Angewandte Ethik. Eine Einführung, München 1998.

3. Bioethik

Johann S. Ach/Andreas Gaidt (Hg.), Herausforderung der Bioethik, Stuttgart-Bad Cannstatt 1993.

Lexikon der Bioethik, hg. im Auftrag der Görres-Gesellschaft von Wilhelm Korff/Lutwin Beck/Paul Mikat, 3 Bde., Gütersloh 1998.

Hans-Martin Sass (Hg.), Bioethik in den USA. Methoden, Themen, Positionen, Berlin u.a. 1988.

4. Evolutionäre Ethik

Kurt Bayertz (Hg.), Evolution und Ethik, Stuttgart 1993.

Wilhelm Lütterfelds / Thomas Mohrs (Hg.), Evolutionäre Ethik zwischen Naturalismus und Idealismus. Beiträge zu einer modernen Theorie der Moral, Darmstadt 1993.

5. Feministische Ethik

Carol Gilligan, Moralische Orientierung und moralische Entwicklung, in: Gertrud Nunner-Winkler (Hg.), Weibliche Moral. Die Kontroverse um eine geschlechtsspezifische Ethik, Frankfurt/M. 1991, S. 79-100.

Herta Nagl-Docekal / Herlinde Pauer-Studer (Hg.), Jenseits der Geschlechtermoral. Beiträge zur feministischen Ethik, Frankfurt/M. 1993.

Annemarie Pieper, Gibt es eine feministische Ethik?, München 1998.

6. Medienethik

Lori E. Allen, Ethics in technical communication, Chichester 1997.

Michael Haller / Helmut Holzhey (Hg.), Medien-Ethik. Beschreibungen, Analysen, Konzepte für den deutschsprachigen Journalismus, Opladen 1992.

Guntram Platter, Die elektronische Medienwelt als Gegenstand einer philosophischen Ethik, Bonn 1994.

Siegfried Weischenberg / Armin Scholl, Konstruktivismus und Ethik im Journalismus, in: Gebhard Rusch / Siegfried J. Schmidt, Konstruktivismus und Ethik, Frankfurt/M. 1995, S. 214-240.

Klaus Wiegerling, Medienethik, Stuttgart/Weimar 1998.

7. Medizinethik

Tom L. Beauchamp / James F. Childress, Principles of Biomedical Ethics, 4. Aufl., New York/Oxford 1994.

Bernhard Irrgang, Grundriß der medizinischen Ethik, München/Basel 1995.

Hans-Martin Sass (Hg.), Medizin und Ethik, Stuttgart 1989.

Ders. (Hg.), Ethik und öffentliches Gesundheitswesen, Berlin u.a. 1988.

Bettina Schöne-Seifert, Medizinethik, in: Julian Nida-Rümelin (Hg.), Angewandte Ethik. Die Bereichsethiken und ihre theoretische Fundierung. Ein Handbuch, Stuttgart 1996, S. 552-648.

8. Ökologieethik

Dieter Birnbacher (Hg.), Ökologie und Ethik, Stuttgart 1986.

Andreas Brenner, Ökologie-Ethik, Leipzig 1996.

Angelika Krebs (Hg.), Naturethik. Grundtexte der gegenwärtigen tier- und ökoethischen Diskussion, Frankfurt/M. 1997.

Konrad Ott, Ökologie und Ethik, 2. Aufl., Tübingen 1994.

9. Pädagogische Ethik

John I. Goodlad/Roger Soder/Kenneth A. Sirotnik (Hg.), The Moral Dimensions of Teaching, San Francisco/Oxford 1990.

Anton Hügli, Philosophie und Pädagogik, Darmstadt 1999.

Dieter-Jürgen Löwisch, Einführung in pädagogische Ethik, Darmstadt 1995.

Jörg Zirfas, Die Lehre der Ethik. Zur moralischen Begründung pädagogischen Denkens und Handelns, Weinheim 1999.

10. Politische Ethik

Kurt Bayertz (Hg.), Politik und Ethik, Stuttgart 1996.

Robert E. Goodin/Philip Pettit (Hg.), A Companion to Contemporary Political Philosophy, Oxford 1993.

Otfried Höffe, Politische Gerechtigkeit. Grundlegung einer kritischen Philosophie von Recht und Staat, 2. Aufl., Frankfurt/M. 1994.

Ders., Demokratie im Zeitalter der Globalisierung, München 1999.

John Rawls, Politischer Liberalismus, Frankfurt/M. 1998.

11. Psychologische Ethik

Donald N. Bersoff, Ethical conflicts in psychology, Washington 1996.

Alfred Schöpf, Psychologische Ethik, in: Annemarie Pieper (Hg.), Geschichte der neueren Ethik, Bd. 2, Tübingen/Basel 1992, S. 210-234.

Ders., Psychologische Ethik, in: Annemarie Pieper/Urs Thurnherr (Hg.), Angewandte Ethik. Eine Einführung, München 1998, S. 110-132.

Andrew Thompson, Guide to ethical practice in psychotherapy, New York u.a. 1990.

Elizabeth Reynolds Welfel, Ethics in counseling and psychotherapy. Standards, research, and emerging issues, Pacific Grove u.a. 1998.

12. Rechtsethik

Margarethe Beck-Mannagetta/Helmut Böhm/Georg Graf (Hg.), Der Gerechtigkeitsanspruch des Rechts, Wien/New York 1996.

Klaus Günther, Der Sinn für Angemessenheit. Anwendungsdiskurse in Moral und Recht, Frankfurt/M. 1988.

Jürgen Habermas, Faktizität und Geltung. Beiträge zur Diskursethik des Rechts und des demokratischen Rechtsstaates, 2. Aufl., Frankfurt/M. 1994.

Otfried Höffe, Kategorische Rechtsprinzipien. Ein Kontrapunkt der Moderne, 2. Aufl., Frankfurt/M. 1995.

Dietmar v. d. Pfordten, Rechtsethik, in: Julian Nida-Rümelin (Hg.), Angewandte Ethik. Die Bereichsethiken und ihre theoretische Fundierung. Ein Handbuch, Stuttgart 1996, S. 200-289.

13. Sozialethik

Brian Barry, Theories of Justice, Bd. 1: Social Justice, London/Sidney/Tokio 1989.

Jenny Teichmann, Social Ethics. A Student's Guide, Oxford u.a. 1996.

14. Spezielle Strebensethik

Pierre Hadot, Philosophie als Lebensform. Geistige Übungen in der Antike, Berlin 1991.

Christoph Horn, Antike Lebenskunst. Glück und Moral von Sokrates bis zu den Neuplatonikern, München 1998.

Hans Krämer, Integrative Ethik, Frankfurt/M. 1992, S. 282-322.

Wilhelm Schmid, Philosophie der Lebenskunst. Eine Grundlegung, 2. Aufl., Frankfurt/M. 1998.

15. Technikethik

Hans-Jörg Bullinger (Hg.), Technikfolgenabschätzung (TA), Stuttgart 1994.

Heiner Hastedt, Aufklärung und Technik. Grundprobleme einer Ethik der Technik, Frankfurt/M. 1994.

Christoph Hubig, Technik- und Wissenschaftsethik. Ein Leitfaden, 2. Aufl., Berlin u.a. 1995.

Hans Lenk/Günter Ropohl (Hg.), Technik und Ethik, 2. Aufl., Stuttgart 1993.

Johannes Rohbeck, Technologische Urteilskraft. Zu einer Ethik technischen Handelns, Frankfurt/M. 1993.

Günter Ropohl, Ethik und Technikbewertung, Frankfurt/M. 1996.

16. Tierethik

James Rachels, Created from Animals. The Moral Implications of Darwinism, Oxford / New York 1990.

Peter Singer, Befreiung der Tiere. Eine neue Ethik zur Behandlung der Tiere, München 1982.

Gotthard M. Teutsch, Mensch und Tier. Lexikon der Tierschutzethik, Göttingen 1987.

Jean-Claude Wolf, Tierethik. Neue Perspektiven für Menschen und Tiere, Freiburg 1992.

Ursula Wolf, Das Tier in der Moral, Frankfurt/M. 1990.

17. Wirtschaftsethik

Richard T. DeGeorge, Business Ethics, 3. Aufl., New York / London 1990.

Karl Homann / Franz Blome-Drees, Wirtschafts- und Unternehmensethik, Göttingen 1992.

Peter Koslowski (Hg.), Neuere Entwicklungen in der Wirtschaftsethik und Wirtschaftsphilosophie, Berlin u.a. 1992.

Karl Reinhard Lohmann / Birger P. Priddat (Hg.), Ökonomie und Moral. Beiträge zur Theorie ökonomischer Rationalität, München 1997.

Peter Ulrich, Integrative Wirtschaftsethik. Grundlagen einer lebensdienlichen Ökonomie, Bern / Stuttgart / Wien 1997.

18. Wissenschaftsethik

Carl Friedrich Gethmann (Hg.), Wissenschaftsethik und Technikfolgenbeurteilung, Berlin u.a. 1999.

Hans Lenk, Wissenschaft und Ethik, Stuttgart 1991.

Ders., Zwischen Wissenschaft und Ethik, Frankfurt/M. 1992.

Konrad Ott, Ipso facto. Zur ethischen Begründung normativer Implikate wissenschaftlicher Praxis, Frankfurt/M. 1997.

David B. Resnik, The Ethics of Science. An Introduction, London u.a. 1998.

Urs Thurnherr, geb. 1956, Studium der Philosophie, der Neueren deutschen Literaturwissenschaft sowie der Deutschen Sprachwissenschaft und älteren Literaturwissenschaft. 1993 Promotion; 1998 Habilitation. Zurzeit Privatdozent für Philosophie an der Universität Basel.
Buchveröffentlichungen: Die Ästhetik der Existenz. Über den Begriff der Maxime und die Bildung von Maximen bei Kant (1994); Angewandte Ethik (1998, Hg., zus. mit A. Pieper); Vernetzte Ethik (2000).

In der Reihe »Zur Einführung« im Junius Verlag bisher erschienen:

Epikur
von Carl-Friedrich Geyer

Paul K. Feyerabend
von Eberhard Döring

Johann Gottlieb Fichte
von Helmut Seidel

Michel Foucault
von Hinrich Fink-Eitel

Anna Freud
von Rolf Denker

Sigmund Freud
von Hans-Martin Lohmann

Hans-Georg Gadamer
von Udo Tietz

Gandhi
von Andreas Becke

Arnold Gehlen
von Christian Thies

Johann Wolfgang von Goethe
von Peter Matussek

Günter Grass
von Dieter Stolz

Jürgen Habermas
von Detlef Horster

Nicolai Hartmann
von Martin Morgenstern

Georg Wilhelm Friedrich Hegel
von Herbert Schnädelbach

Martin Heidegger
von Günter Figal

Heinrich Heine
von Ralf Schnell

Johann Friedrich Herbart
von Matthias Heesch

Johann Gottfried Herder
von Jens Heise

Thomas Hobbes
von Wolfgang Kersting

E.T.A. Hoffmann
von Detlef Kremer

Max Horkheimer
von Rolf Wiggershaus

Edmund Husserl
von Peter Prechtl

William James
von Diaz-Bone/Schubert

Karl Jaspers
von Werner Schüßler